世界を操る支配者の正体

元駐ウクライナ大使
馬渕睦夫

講談社

まえがき　最後の希望の旅

いま突如として、イギリスの地政学者ハルフォード・マッキンダーの亡霊が甦りました。20世紀の初めに活躍したこの地政学の泰斗は、「東欧を支配するものがハートランドを制し、ハートランドを支配するものが世界本島（ユーラシア大陸）を制し、世界本島を支配するものが世界を制する」と喝破しました。このハートランドの核をなすのがロシアとウクライナなのです。

２０１３年11月以来のウクライナ危機は、ロシア支配をめぐる戦いです。世界の制覇を目論む国際金融勢力が、ロシアに最後の戦いを挑んできたのです。これがマッキンダーの亡霊の正体です。

ところが、我が国においてはこれまで国際情勢を巡る議論からロシアがすっぽりと抜けていました。これは、ロシアが世界政治に占める実際上の地位に鑑みれば、大変異常なことと言わざるを得ません。２０１３年11月に発生したウクライナの反政府デモが、２０１４年の２月になってヤヌコビッチ大統領を追放し、ウクライナに親欧米勢力の暫定政権が成立しましたが、その後クリミア半島のロシアへの編入に対抗するアメリカ主導の対ロシア経済制裁という段階に至って初めて、我が国においてロシアがメディアの報道の焦点になりました。しかし、我が国のロシア報道は残念ながら米ソ冷戦時代の旧思考に凝り固まっていて、新しい国際政治の現実からかけ離れた虚妄の議論に終始しています。

本書は、いま地殻変動を起こしている国際情勢の真相を明らかにすることを目的としています。

表面には出てきていない国際情勢の大変動を見抜いて、効果的な対策を立てることが、私たちの目下の急務になっています。なぜなら、現在起こりつつある事態は、我が国が世界で生き残れるかどうかの瀬戸際にあることを示しているからです。我が国だけではありません。世界全体の運命がかかっているのです。これは決して脅しではありません。本書を読んでいただければ、納得してくださるものと確信しています。

現在の世界における主要なアクターは、ロシアと日本、そして国際金融勢力です。アメリカや中国といった国家ではないことに注目してください。結論を先に述べれば、アメリカという国家はすでに国際場裏における主要なアクターではないのです。アメリカ国家（政府）の行動のように見えるのは、アメリカを背後から動かしている国際金融勢力の計画に基づく動きです。

中国も同様です。中国の場合は、ビジネスに精を出している共産党や人民解放軍のエリートの私益に基づく行動であって、中国国家の国益に基づいたものではありません。まず、この事実を理解することです。頭の切り替えが必要なのです。

本書は、現在の世界がどうしてこんな事態になったのかを究明し、その解決策を提示したものです。

ウクライナ危機は単にウクライナ国内の政争ではありません。聖書のヨハネ黙示録の予言にある世界最終戦争、すなわちハルマゲドンになる可能性を秘めた、きわめて危険な事態なのです。平和な日本で育った私たちの想定には決してなかった世界の大動乱の危険があるのです。しかし、まだハルマゲドンを避ける望みがあります。カギを握るのはロシアのウラジーミル・プーチン大統領（１９５２年～）と安倍晋三総理（１９５４年～）です。本書ではこの理由も明らかにしています。

アメリカのグローバル市場化圧力にさらされているロシアの運命は、我が国の運命と密接に重なる部分が多くあります。このような危機に直面している我が日本の現況を読者の皆様方に理解していただきたいとの思いから、本書を執筆しました。

ではこれから、読者の皆様とともに最後の希望の旅に出たいと思います。

平成26年9月30日

馬渕睦夫

世界を操る支配者の正体　目次

第4章 国際金融勢力対ロシアの200年戦争

第5章 道徳と民族を破壊する4人の洗脳者

第6章 ディアスポラ化する人類

装幀　川島 進（スタジオ ギブ）
本文写真　ゲッティ イメージズ、本社写真資料センター

第1章

ウクライナ危機は世界最終戦争の序曲

ロシアとウクライナの血で贖われた共通の歴史

昨年11月に始まったウクライナ国内の政争が、今日世界を巻き込む深刻な事態に至った直接のきっかけは、２０１４年3月18日にロシアがウクライナ領クリミア半島の住民投票の結果を受け入れロシア領としたことでした。これにアメリカが激しく反発し、ＥＵ（欧州連合）や我が国を巻き込んで、アメリカ主導の対露経済制裁が始まりました。なぜ、クリミアのロシア編入がこれほどまでの大事件に発展したかを理解するためには、ここでクリミアの歴史について述べておく必要があります。

黒海に突き出たクリミア半島は、過去幾多の国々の興亡の歴史を見てきました。紀元前7世紀ごろにはスキタイ人が住んでおり、その後古代ギリシャ人が入植し、ケルソネソスなどの植民都市を築きました。その後、さまざまな民族が侵入しましたが、特筆すべきは13世紀に蒙古民族のタタール人が侵入して、やがてクリム汗国を建設したことでしょう。ソ連時代にはクリミアのタタール人たちはスターリンによって強制的にウズベキスタンに移住させられますが、その後帰還していまでも居住しています。

もう一つの特筆すべきことは、9世紀ごろからカスピ海の西岸周辺に栄えたハザール王国が、一時期クリミア半島を支配下に置いていたことです。

このハザール王国については現在に至るも歴史論争の一つになっています。その理由は、ハザール王国はユダヤ教を信奉する改宗ユダヤ人の国であったことです。ユダヤ人の定義はユダヤ教徒であることですから、ハザール人はユダヤ人ということになります。このハザール人の末裔《まつえい》がいわゆるアシュケナージ・ユダヤ人であるのか否かが、大きな争点となっているのです。それは当然です。もし、アシュケナージ・ユダヤ人がハザール人であるなら、現在のユダヤ社会における支配勢力であるアシュケナージ・ユダヤ人は、セム族ではないことになります。これが事実であれば、世界史がひっくり返るくらいの大事件なのですが、本書ではこの論争に深入りする余裕はありません。クリミアとの関連でいえば、かつてクリミアにはハザール系ユダヤ人が住んでいたということを覚えておいてほしいと思います。後に述べるように、ソ連時代にクリミアをユダヤ人自治区にしようとの動きがなぜ出てきたのかを理解する一助になるからです。

軍港で有名なセバストポリの近郊にあるケルソネソスは、いまは僅かに数本の壊れた石柱を残すだけのギリシャ遺跡に過ぎませんが、観光名所として多くの人々を引き付けています。私は駐ウクライナ大使をしている2008年に外交団の旅行でケルソネソスを訪れたことがあります。ケルソネソスの遺跡から見る黒海のマリンブルーの海が、ボスポラス海峡からマルマラ海を通じてつながっている地中海のたおやかな波のうねりを彷彿とさせる温暖な一日でした。その時の平和な風景からは、僅か6年後にクリミアがロシア領に編入されるなどとは、旅行に参加した各国の大使は誰も予想だにしていませんでした。

しかし、歴史を振り返ってみれば、ロシア人にとってクリミア半島は特別の思いが交差する領土なのです。クリミア半島は、ロシア帝国時代のロシアが第一次露土戦争に勝利して1783年にロシアに編入された土地で、その後、トルコやイギリスなどとの2度にわたる死闘を通じて守り通した貴重な領土だったのです。軍港セバストポリには、露土戦争の強大なジオラマが観光名所の一つになっています。ウクライナ人でさえ、クリミア半島をめぐる戦いに自らの歴史のアイデンティティを感じているのです。

このような光景を見て、ロシアとウクライナの血で贖《あがな》われた共通の歴史が存在していることを強く感じました。両国間には部外者には容易にうかがい知れない紐帯《ちゅうたい》が存在しているのです。共通の歴史体験があるということは、現在は別々の独立国になっているとはいえ、無意識的にしろ両国を結びつける歴史の糸が存在しているのです。現在のロシアとウクライナの紛争を見るうえで、この歴史の糸を無視することはできません。

スターリンが葬ったクリミア半島のユダヤ人自治区

クリミアをめぐる歴史はソ連時代にさらに複雑さを加えました。スターリン時代にクリミア半島に一方ならぬ関心を持った人々がいたのです。

1944年、ナチスドイツとの戦争の最中、反ファシスト・ユダヤ委員会の指導者でソ連の高名な舞台芸術家ソロモン・ミホエルス（1890年〜1948年）などユダヤ系ロシア人たちが、クリミア半島をユダヤ人の自治共和国にするようスターリン共産党書記長（首相）に訴えたのです。当時、ユダヤ人の居住地区として極東のハバロフスクの近くにビロビジャン自治共和国がありましたが、ミホエルスたちは極寒の極東ビロビジャンはユダヤ人の居住に適しておらず、温暖なクリミア半島が適当と考えたのでした。クリミア半島はユダヤ人の故郷であるパレスチナのカナンの地、乳と蜜の流れる豊かな地、とイメージされていたのです。

たしかに、緑に覆われたクリミアではブドウが取れ、世界的にも有名なマサンドラ・ワインの産地でもあります。このクリミアの地を、ソ連国内の少数民族であるユダヤ人の居住区にしようというのです。

この間の事情は、ニキータ・フルシチョフ（1894年〜1971年）の回想録『Khrushchev Remembers』に詳しく書かれています。反ファシスト・ユダヤ委員会という組織はソ連情報部の一部局として1942年に設立され、国際労働組合インターの元議長ソロモン・ロゾフスキー（1878年〜1952年）を長として、ミホエルスとモロトフ夫人（ユダヤ人、本名ポリーナ・ジェムチュジナ）をメンバーとするものでした。この組織はその名称の通り、アドルフ・ヒットラー（1889年〜1945年）と戦っていたソ連軍に関する情報を、欧米特にユダヤ人の影響力が強かったアメリカの新聞社に送る役目を帯びていたのです。そして、ウクライナがナチスドイツの占領から解放された1944年になって、ミホエルスたちはクリミア・ユダヤ人自治区の訴えを起こしました。

この訴えはソ連の最高意思決定機関である共産党政治局において議論されました。政治局員のカガノヴィチ（ユダヤ系）やヴャチェスラフ・モロトフ（反ファシスト・ユダヤ委員会のモロトフの夫、1890年〜1986年）などの支持はありましたが、スターリンはこの提案を拒否しました。かくして、クリミア半島にユダヤ人自治共和国を樹立するというユダヤ系ソ連人の夢は実現に至らなかったのです。

なぜスターリンが拒否したのかについては、この提案の背後にアメリカのシオニストの影響を見たのが原因であるとして、ヨシフ・スターリン（1878年～1953年）はクリミアにユダヤ人国家を作ることによってソ連の安全に直接の脅威となるアメリカ帝国主義の前哨を打ち立てようとしていると非難したと、フルシチョフは回想しています。この事件の後ロゾフスキーとミホエルスは逮捕され、ロゾフスキーは銃殺、ミホエルスも自動車事故を装って殺されました。モロトフ夫人のほうはシベリアに追放されましたが、スターリンの死後釈放されました。なお、フルシチョフ自身はクリミアにユダヤ人自治区を作る必要は特にないと考えていたと回想録では述べています。

このフルシチョフの回想だけで断定することはできませんが、第二次世界大戦終了間際のスターリンは、同盟国アメリカにきわめて懐疑的になっていたことがうかがえます。また、ユダヤ人に対しても警戒感を高めていたようです。それはともかく、クリミアにユダヤ人自治共和国を樹立する構想があったという事実は、現在のクリミアのロシア編入を考える上で一つのヒントを与えてくれています。クリミアのユダヤ人自治区構想はスターリンの反対によっていったんは挫折しましたが、構想そのものも完全に消えてしまったのか大変興味あるところです。

この構想挫折後、1948年にパレスチナの地にユダヤ人国家イスラエルが誕生しました。そのイスラエルは現在もガザ侵攻に見られるようにパレスチナ人との間で軍事衝突を繰り返しています。

第三次世界大戦に発展する可能性

ここまで見たように、スターリンがクリミア・ユダヤ自治区構想を葬ってから70年の後、2014年の3月にウクライナ領クリミアは住民投票を得てロシア連邦に編入されることになりました。なぜ突然、住民投票なるものが行われたのでしょうか。その理由は今回のウクライナ政変によります。ヴィクトル・ヤヌコビッチ大統領（1950年〜）が暴力デモで退陣を余儀なくされた事態に、クリミアのロシア系住民が急遽《きゅうきょ》反応したのです。クリミアはロシア系住民が6割を占めるほどロシア色の強い地域です。したがって、クリミアはウクライナ国家の下で自治共和国という独自色の強い地位にありました。

加えて、クリミアにはロシアが租借しているセバストポリ軍港があります。もともとの租借期限は2017年でしたが、ヤヌコビッチ大統領になってこれを25年間延長し2042年まで使用可能となったのです。このロシアに有利な取引はもちろんウクライナにもメリットがありました。ロシア産天然ガス供給価格を国際価格より3割割り引いてもらったわけです。

いずれにせよ、ウクライナに暴力的政変によって親欧米派の政権ができたため、クリミアの地位、とりわけセバストポリの将来に対する不安がロシア系住民やロシア軍部に生じたとしても不思議ではありません。この暴力的な政変は要するにクーデターであり、このような非民主的な政権交代は1991年のウクライナ独立以来初めての経験であったのです。

3月の住民投票がクリミア議会がいわゆる自警団に占拠された状態のもとであわただしく決定され、自警団とロシア系住民の主導の下に行われたことは、民主的でないと批判されてもやむを得ない点があります。しかし、この住民投票は民主的でなく国際法違反であると批判している欧米諸国は、合法的に選出されたヤヌコビッチ大統領を暴力デモで追い出したことはウクライナ憲法違反であり、その意味でも非民主的で非合法な政変であったのではないかとの疑問に答える義務があると思います。これまでのところ、アメリカもE

Uもこの点については沈黙したままです。

クリミアは歴史上ロシアの領土でした。にもかかわらずウクライナ領となったのは、実は、ソ連時代の1954年にフルシチョフ首相がクリミア半島をロシア社会主義共和国からウクライナ社会主義共和国へと行政管轄を変更したからなのです。その理由は必ずしも明らかになってはいませんが、フルシチョフがかつてウクライナ共産党第一書記としてウクライナの支配者であったことが影響したのかもしれません。この時はロシアもウクライナもともにソ連邦を構成する共和国であったので、管轄の変更自体は特に意味を持たなかったのです。当時フルシチョフも60年後にクリミア編入問題を巡って新たな米露対立が発生しようなどとは夢想だにしなかったことでしょう。

ソ連が崩壊し、ロシアとウクライナが独立した際、クリミアの帰属が争点になりましたが、結局セバストポリをロシア軍が租借することで妥協が図られました。しかし、ロシア国内にはその後も継続してクリミア返還要求があったことを忘れてはならないでしょう。歴史的に見てロシアが血の犠牲を払って死守したクリミア、ロシア人の人口がクリミア全体の6割を占める事実などを勘案すれば、欧米が言うように国際法違反の住民投票であったと片づけることは正しくないと考えます。

かくして、クリミア半島はまたしても世界史の大きな節目の証人となったのです。今回のウクライナ危機は、クリミア半島のロシア編入によって、世界を新しい段階に突入させてしまった感があります。私たちが十分にその事実に気づかないうちに、地政学上の地殻変動が起きてしまったのです。つまり、ロシアとアメリカ（実際はアメリカ政府を牛耳っているウォール街に本拠を置く国際金融勢力）の新しい冷戦の開始です。

米露の不和はすでに2003年に始まっていました。しかし、その当時は見えにくい状態にあったのです。今回のウクライナ危機で米露は見える形で対決状態に突入しました。

さらに、今回の冷戦は前回の東西冷戦とは異なり、米露両国が冷戦状態に留まるか否か微妙な状況にあると言えます。場合によっては熱戦、すなわち第三次世界大戦に発展する危険性が決して排除されないのです。もし第三次世界大戦ともなれば、聖書のヨハネ黙示録の予言にあるハルマゲドン、すなわち世界最終戦争となることでしょう。

これは決して脅しではありません。ウクライナ危機の発生からその後の展開をフォローしてきて、私は今回のアメリカの対応ぶりがいままでの米露関係とは違うものだと感じました。アメリカはロシアの言い分にまったくと言ってよいほど耳を傾けていないのです。一方的にプーチンを攻撃し続けているのが大変気になります。

では、ウクライナ危機の真相とは何でしょうか。

メディアの争点は誰が決めているか

ウクライナ危機は連日のように我が国を含む世界のメディアを賑《にぎ》わしています。本章では、私の見たウクライナ危機の真相についてお話しします。しかし、その前に読者の方々にぜひ知っておいていただきたいことがあります。それは、私たちは無意識のうちにメディアの報道に洗脳されているということです。私たちはあたかも自分の意見を持っているかの如くに錯覚していますが、これらの意見は自分の頭で考えた結果ではなく、メディアが報じる内容を鵜呑みにしているケースがほとんどではないかと私は見ています。

ここでは、読者の皆さんがメディアの報道によって承知しているウクライナ情勢を、いったん白紙に戻して読んでいただければ幸いです。そこでまず考えなければならない疑問は、ウクライナ危機を巡る欧米や我が国のメディア報道のトーンは一体誰が決めているのかということです。それぞれのメディアが自前の報道を行っているわけではありません。我が国を含む欧米の既存のメディアは、一定の方向付けをされているのです。

誰がそうしているかと言いますと、主としてアメリカとイギリスの主要メディアを所有、またはそこで影響力を行使している人々によってです。これらの人々はニューヨークのウォール街やロンドン・シティに本拠を置く国際金融資本家たちです。これら資本家の世界戦略に沿って事件の争点が決められているのです。争点が何かを理解することはウクライナ情勢を判断する上で決定的に重要です。

ところが、日々ウクライナに関する情報を受け取っている読者の方々は、いま述べたようなメディアの争点は誰が決めているかとの問いかけ自体に違和感を覚えた方が多いことと思います。しかし、まさに皆さんが当然のようにメディアの報道からウクライナでの出来事を受け取っていること自体が、ウクライナ情勢の真相を見破ることを困難にしているのです。メディアの報道は決して公平ではありません。何らかの意図に基づいてニュースが取捨選択されているのです。欧米や日本のメディアの報道をこの観点からフォローしていると、メディアがウクライナ危機を世界世論にどのように受け取らせたいかが見えてくるのです。

私たちは戦後「報道の自由」や「国民の知る権利」といった言葉に、その意味を十分吟味せずに洗脳されてきました。その結果、あたかも私たちは自由な報道が存在するかのように錯覚してきたのです。これは、何も私の偏見ではありません。ジャーナリズムの本家アメリカにおいては、第一次世界大戦の頃からすでに報道に自由は存在していませんでした。

アメリカでは、1920年代に民主主義体制下での国民統治におけるメディアの隠された役割に注目したジャーナリストがいます。私たちが「ジャーナリストの鑑《かがみ》」と教えられてきたウォルター・リップマン（1889年〜1974年）です。リップマンは純粋なジャーナリストではありません。彼は第一次世界大戦にアメリカが参戦した1917年にはアメリカ政府の戦争長官のアシスタントを務め、アメリカ軍情報部の大尉になります。

このような経歴を持つリップマンは自らの著書『幻の公衆』（柏書房、2007年）の中で、国民大衆が民主的権力を行使していると思っているのは幻想であると断言しています。そして国民大衆に自ら民主主義的権力を行使していると信じ込ませる必要があると論じています。どのようにして信じ込ませるかの答えは、リップマンとともにアメリカ大統領府の対独戦争広報委員会で活躍したエドワード・バーネイズ（1891年〜1995年）が明確に述べています（『プロパガンダ』成甲書房、2010年）。

彼は、一般大衆がどのような意見を持つべきかについて、相手にそれと意識されずに知性的にコントロールすることが非常に重要であるとして、この仕組みを大衆に目に見えない形でコントロールできる人々こそがアメリカの真の支配者として君臨すると論じています。つまり、アメリカの真の支配者は大衆の目に見える形では存在していないということです。大統領や諸閣僚、上下両院議員などではないといっているのです。アメリカを真に支配しているのは目に見えない統治機構であるというのです。

そこで、真の支配者とは誰かというと、一般大衆が持つべき意見をメディアの洗脳によってコントロールしているメディアの所有者、国際金融資本家たちということになるわけです。アメリカではすでに第一次大戦のころから国際金融資本家たちが真の支配者なのです。もちろん、この実態はいまも変わりません。そうしますと、ウクライナ情勢に関する私たちの判断基準はメディアによって与えられており、しかもその事実に私たちは気づいていないということになります。いまウクライナ問題の論点は、彼ら国際金融資本家たちが決めているのです。ウクライナ情勢の報道姿勢には、国際金融資本家たちの世界戦略が表れているわけです。つまり、ウクライナ報道は「情報戦」なのです。このような視点を持って、ウクライナ情勢の真相を私たち自身の頭で考えなければなりません。

誤解がないように申し上げますが、「情報戦」とはアメリカ政府が自らのウクライナ政策を擁護する「ボイス・オブ・アメリカ」のような宣伝放送のことを指しているのではありません。また、アメリカに対抗してロシア政府の立場を世界に流している「ボイス・オブ・ロシア」の情報発信を指しているのでもありません。「ボイス・オブ・アメリカ」や「ボイス・オブ・ロシア」がアメリカ政府やロシア政府の宣伝放送であることは世界の人々が見抜いています。そうではなくて、民間の商業放送自体がアメリカの真の支配者の戦略がそれと気づかれずに世界の人々を洗脳する役割を担っているということなのです。

それではこれから、メディアの洗脳を見破るためにウクライナ危機の真相を探求したいと思います。

ウクライナ反政府デモの主導者はアメリカ

ウクライナの反政府デモを主導したのはアメリカです。というと読者の方々は首を傾げられるでしょう。デモはヤヌコビッチ大統領に反発するウクライナの民主主義者たちが始めたのではないかと。

しかし、ヤヌコビッチ大統領は今回のデモのきっかけとなったEUとの連合協定に署名するべく努力を重ねていたのです。これに対し、むしろEU側が署名へのハードルを高めていたのです。EUは署名のための数々の条件を出していましたが、そのひとつが収監中のユーリア・ティモシェンコ元首相（2010年の大統領選挙でヤヌコビッチに小差で敗れた金髪の髪型で有名な女性政治家、1960年〜）の釈放要求でした。さすがにこのような内政干渉には、いかにEUとの連合協定が重要とはいえヤヌコビッチ大統領としても躊躇《ちゅうちょ》せざるを得なかったのです。加えて、EU側は連合協定署名後のウクライナに対する援助についてもなかなかコミットしてくれない状況でした。

このような手詰まり感のなかで、支援の手を差し伸べてくれたのが実はロシアであったのです。ロシアはEUに代わり150億ドルに上る融資を肩代わりする用意を示しました。ここに、ヤヌコビッチ大統領は連合協定への署名のインセンティヴを失ったわけです。連合協定の署名を事実上流産させたのはヤヌコビッチではなくEUだったのです。

この事実は、欧米のメディアには報じられていません。ヤヌコビッチが協定署名を拒否したことに反発して野党デモが起こったとのトーンで世界に報道されたのです。そして、世界に対しヤヌコビッチは悪者であるというイメージを植え付けることに成功したわけです。

私はウクライナ在勤時代に地域党党首のヤヌコビッチと直に会談したこともありますし、彼が首相時代には日本訪問の準備にもあたりました。このときは、直前になって彼の膝の持病が悪化して訪日はキャンセルされましたが、実務的な人物という印象でした。このような評価は何も私だけではありません。アメリカもヤヌコビッチは話し合いのできる相手とみなしていました。２００６年の春の最高会議総選挙で親露派のヤヌコビッチ率いる地域党が議会第一党となり、親欧米派のヴィクトル・ユーシチェンコ大統領（１９５４年～）の下で首相に就任しました。すると、間もなくアメリカの上院議員や企業家たちが早速ヤヌコビッチ首相にコンタクトしたのです。その2年前のオレンジ革命を主導して、ヤヌコビッチを無理やり退けて親欧米派のユーシチェンコを大統領に据えたアメリカの態度からは想像できない事態でした。

私は同僚のアメリカ大使に説明を求めましたが、彼は自分の知るところではない、ユーシチェンコ大統領を支持するアメリカの政策は変わっていない、などとひとしきり弁解していました。しかし、その後のアメリカの姿勢を見ますと、ヤヌコビッチとそれなりに良い関係を結んでいたようです。アメリカの関心は、イデオロギー的な考慮よりもアメリカ企業のビジネスにとってプラスか否かで決まっているという印象を私は持ちました。

ここで、今回のウクライナ危機がアメリカの描いたシナリオに沿って進められた決定的証拠を挙げたいと思います。

まだ反政府デモと政権側の対応が一進一退を繰り返していた2014年の1月28日のことです。その日のヌーランド国務次官補とパイエト駐ウクライナ・アメリカ大使との電話会談の内容がユーチューブで暴露されました。その驚愕的な内容を私たちは忘れてはなりません。アメリカはまだヤヌコビッチ大統領が権力の座にある段階で、ヤヌコビッチ追放後のウクライナ新政権の人事の協議をしていたのです。この電話で二人は新政権（暫定政権）の首相にヤツェニュークを当てようと会話しています。そして、ヤヌコビッチ追放後に成立したウクライナ暫定政権の首相には、この電話人事の通りヤツェニュークが就任しました（なお、ヤツェニュークはポロシェンコ新大統領の下でも首相につきました）。これがアメリカがシナリオを描いた何よりの証拠です。

ウクライナのメディアは、毎年ウクライナに最も影響力のある外国人を特集するのですが、私のウクライナ勤務中（2005年から2008年）、毎年そのトップは駐ウクライナ・アメリカ大使でした。パイエト大使も2014年のウクライナに最も影響を与えた外国人であることに間違いはないでしょう。

暫定政権は民主化勢力ではなかった

5月25日に大統領選挙が行われ、欧米派といわれるペトロ・ポロシェンコ（1965年〜）候補が過半数の得票を得て当選しました。ポロシェンコ新大統領の下でウクライナのEU加盟が加速されるだろうとの報道がもっぱらです。

しかし、1991年の独立以来、ウクライナ政府はニュアンスの違いはあれヨーロッパとの統合、すなわちEU加盟とNATO（北大西洋条約機構）加盟を基本方針としてきたのです。もっともNATO加盟については、ヤヌコビッチ政権は消極的で、憲法を改正しウクライナの軍事ブロックからの中立を国是とするに至りました。それとともに、先に述べたようにクリミアのセバストポリ軍港の2017年に期限が切れる租借期間を25年延長して2042年までとしたのです。その見返りは、すでに述べたようにロシアのウクライナ向け天然ガス供給価格の値引きでした。たとえ親ロシア派の大統領であってもEU加盟を推進してきたのは、連合協定の顛末《てんまつ》に見た通りです。

注目すべきことは、今回のデモで中心的役割を果たしたのは武装した極右勢力であったということです。私の勤務時代にも、たしかに極右の排外集団はいました。彼らは外国人を見つけては暴力を振るっていました。アジア、アラブ、アフリカ人たちが主なターゲットでした。それから数年の後に、彼らは装甲車などの重火器で武装した戦闘集団に発展したのです。一体誰が彼らを支援したのでしょうか。ここに、今回の危機の真相を解くカギがありそうです。

彼らはいわゆるテロリストとどこが違うのでしょうか。アラブの春の嵐が吹き荒れた時に、政権を倒す上で決定的役割を担ったのは、反政府デモに紛れ込んだテロ集団であったことを忘れてはならないでしょう。いま現在も、シリアにおいていわゆる反政府勢力が武装闘争を継続していますが、反政府勢力は武器をどこから入手しているのでしょうか。

このような疑問について欧米のメディアは報じてくれません。彼らは反政府武装勢力を支持しているからです。アサド大統領という独裁者に抵抗する勢力は民主化勢力であると勝手にみなして、反政府運動の実態にかかわらず、これを支持しているわけなのです。

ウクライナも同じパターンです。暫定政権が武力クーデターで成立した非合法政権であるというきわめて重要な事実には目を瞑《つぶ》って、一切を見ないのです。これでは、欧米メディアと反政府勢力は事実上一体であるとみなされても仕方ないでしょう。

このようなメディアの行動パターンは、日本を巡る近隣諸国やアメリカの姿勢の報道にも表れています。私たちから見て、今日の日中、日韓関係の悪化の原因は中韓が作ったにもかかわらず、肝心の日本のメディアは、あたかも日本政府の行動が軋轢《あつれき》の原因だとの報道を日夜垂れ流しています。その結果、多くの日本人が日本政府は隣国の嫌がることをしているのではないか、そのような挑発行為を政府は止めるべきであると、なんとなく悪いのは日本であると思い込んでしまう危険があるのです。これが、メディアによる洗脳の危険です。

ウクライナ危機の洗脳は決して日本と無縁ではありません。それどころか、安倍総理の足を引っ張ることを意図した陰湿な報道が日本では行われているのです。これについては、二つ例を挙げるだけで十分でしょう。

あるテレビ局の報道番組では、解説者が「ウクライナの領土保全のほうが北方領土の返還よりも重要だ」との趣旨を述べていました。また、別のテレビ局はニュース番組でウクライナ市民へのインタビューを報じ、ウクライナ市民の「北方領土返還のためにウクライナを犠牲にするなら、私たちは日本を許さない」という声を伝えていました。

この街頭インタビューがヤラセであることはすぐわかりました。ウクライナの一般市民は北方領土問題などまったく知らないからです。もうおわかりのように、日本のメディア、特に反日的傾向が強いメディアは、ウクライナの領土保全が重要なのではありません。彼らの狙いは、安倍首相の対露外交を牽制《けんせい》し、安倍総理がプーチン大統領との間で北方領土問題を解決することを妨害することなのです。つまり、安倍おろしという目的のために、ウクライナ情勢の報道を利用しているのです。このような日本のメディアの邪《よこしま》な魂胆を見抜いて、私たちはメディアの報道に洗脳されないように注意する必要があります。

ウクライナ国民を無視した政変劇

今回の政変劇の犠牲者はウクライナ国民です。彼らは暴力的に合法政権を追放することなど、決して望んでいませんでした。また、西部のウクライナ人も東部のウクライナ人もウクライナ国家の統一についてはコンセンサスがありました。政治家にとっても同じです。誰もウクライナ国家の分裂は望んでいなかったのです。それだけに、ウクライナ人同士が武力衝突するという、国民の思いとはまったく別の方向に展開してしまった今回の政変劇は、ウクライナ国民の意思を無視したものでした。その意味で、本来主役であるはずの国民の声は、かき消されてしまったのです。

ウクライナ人は伝統文化を大切にする素朴な国民性を持っています。西ウクライナ人と東に住むウクライナ人は、文化的には少し違います。自分たちをヨーロッパ人と考えているのが西ウクライナ人であり、ユーラシア人とみなしているのが東ウクライナ人と色分けすることができます。ヨーロッパ人とみなしているウクライナ人が親欧米派で、ユーラシア人だと考えているウクライナ人が親露派と言うことも可能です。西ウクライナ人にヨーロッパへのあこがれが強いのに対し、東ウクライナ人はロシアとの緊密な関係が自然であると考えているのです。このように、向いている方向は違っていても、両ウクライナ人の共通点はウクライナの領土的統一を重視していることです。

この点を誤解してはいけません。現在メディアなどで親露派と言われている人たちは必ずしもウクライナ人ではないのです。多くはロシア系住民なのです。東部ウクライナの住民の35パーセントがロシア系住民と言われています。彼らはロシア人なのです。ロシアに親近感を抱いているウクライナ人のことではありません。したがって、少数派である東部のロシア系住民が、独立のための住民投票を要求すること自体矛盾しています。彼らの望むことはせいぜい自治の拡大程度でしょう。自治の拡大であれば、ロシアに親近感を抱いているウクライナ人も支持することでしょう。そう考えますと、親露派が市庁舎などを武力で占拠していることがどうしても腑に落ちないのです。

ウクライナ人は民度の高い穏健な人たちです。中でも文化に対する高い関心と国民の文化水準の高さは、特筆すべき状況にあります。キエフ・オペラやキエフ・バレエ団は世界的な名声を得ています。

また、彼らが外国文化に対して関心が高い証左が、日本文学を小学校で教える事実でしょう。小学校5年生で松尾芭蕉が、高校2年生で川端康成の『千羽鶴』が必修科目として教えられているのです。ウクライナでは小学校5年生で初めて外国文学を習うのですが、その対象の一つが松尾芭蕉なのです。小学校5年生の外国文学の教科書では、松尾芭蕉について9ページにわたって18句の俳句とともに解説されています。これに対し文豪ゲーテはわずか3ページにすぎません。なお、アジアでは松尾芭蕉のみが取り上げられています。

川端康成の『千羽鶴』は男女関係の心理描写が微妙で高校生には少々難しい小説ですが、教科書を作成した国立キエフ教育大学の教官によれば、日本人の美意識を勉強するためにこの小説を選んだということでした。私が参観した松尾芭蕉の授業においては、日本人の自然の描写の特徴を学び、日本人が物質と精神の調和に美を見出していることが教えられていました。『千羽鶴』の授業も参観しましたが、小説に描かれている茶道の美的感覚をとらえ、登場人物の心理を分析して各人の美意識を解明していました。

ウクライナの学校では、「これらの日本文学の学習を通じて日本人の国民性を学ぶことにより、ウクライナとは違った文化を持つ日本及び日本人に対する尊敬の念を養う」（学習指導要領）という教育を行っているのです。違う文化を持つ外国を尊敬する態度を養うことは、異文化理解の神髄を示すものです。

このようなウクライナ人の外国人に対する国民性を考えると、ロシア人をウクライナから暴力的に排除するような今回の政変が、ウクライナ人の自発的意思で起こったとはどうしても考えられないのです。温厚なウクライナ人同士が自らの発意で互いに罵《ののし》り合い、殺し合うことなど想像することすら不可能です。したがって、今回の政変劇はウクライナ人のイニシアティブによるものではなく、何らかの意図を持ったアメリカなど外国勢力に主導されたものであると結論せざるを得ないのです。

なぜいま対ロシア経済制裁なのか

今回のウクライナ危機の特徴は、アメリカがクリミアのロシア編入を受けて早々とロシアに対する経済制裁を決めたことです。なぜ、こんなに急いでロシアを制裁する必要があったのでしょうか。

クリミアの住民投票にあたってはロシア系自警団による投票所などの選挙施設の警備があったことは確かです。また、自警団が治安維持にもあたりました。しかし、ロシアの正規軍がクリミア半島に侵攻したわけではありません。住民投票はあくまで平和裏に行われたのです。この一連の動きは果たして経済制裁に値するだけの国際情勢の安定を害する行為だったのでしょうか。どう考えても、均衡を逸していると言わざるを得ません。

なぜなら、2008年のロシアのグルジア侵攻の際はG7は経済制裁しなかったからです。この時はロシア軍は国境を越えてグルジア領内深く侵攻し、グルジア国内を通るカスピ海石油のパイプラインを押さえるまでに至りました。当時のEUの議長国フランスがロシアとグルジアの仲介に入り、ことを収めたのです。この時、アメリカは特に何もしませんでした。何もしないどころか友好国グルジアに冷たかったのです。

グルジアに対し、グルジア内で分離独立を要求している南オセチアで駐留ロシア軍平和維持部隊に対する軍事的挑発を奨励したのは、アメリカでした。それに従い軍事行動を起こしたグルジアに対し、ロシア軍が国境を越えて侵攻してきた際には、アメリカはグルジアを助けませんでした。結局EUの仲介に任せてしまったのです。グルジアではアメリカがバラ革命を主導して親米のサーカシビリ政権を樹立した（2003年末）にもかかわらずです。

このように、ロシア軍がグルジアという独立国に軍事侵攻したにもかかわらず、アメリカはロシアに対する経済制裁を口にしませんでした。ロシアのグルジア侵攻に比べれば、今回のクリミア住民投票に基づくロシア編入ははるかに軽い事件と言わざるを得ません。しかし、アメリカは経済制裁を発動し、我が国を含むG7諸国をも従わせました。

国際法上、合法的な経済制裁は安保理決議を得る必要があります。安保理決議によらない経済制裁は、国連加盟国に何ら法的義務を課すものではないのです。したがって、我が国やEU諸国は対露制裁に加わらなければならない義務はありません。対露制裁を警告するバラク・オバマ大統領（1961年〜）やジョン・ケリー国務長官（1943年〜）の発言は「ロシアがクリミアを編入すれば大変なことになる」というだけで、まったく説得力を欠くものでした。

一体アメリカはなぜロシアに対する経済制裁に走ったのでしょうか。ロシアとの経済関係、とりわけロシアから天然ガス輸入の多くを依存するEUが経済制裁に慎重であることはわかっていたはずです。

日本にとっても百害あって一利なしの対露経済制裁です。安倍総理は就任以来プーチン大統領と5回も会談し信頼関係の構築に努めてきた矢先の出来事でした。我が国はアメリカとの同盟関係を無視することはできないので渋々制裁に同調はしましたが、その中身はロシアにとって実害のないものにとどまっています。言葉は悪いですが、日本としてはアメリカに対して面従腹背の態度をとることが得策でしょう。EUも自らの国益を考慮して、決してアメリカの言いなりにはなっていません。我が国も、自らの国益を第一に考えて対露制裁問題に対処してよいのです。

そう考えますと、アメリカはロシアがウクライナに圧力をかけるのを牽制する目的で経済制裁を決めたのではないと見なければなりません。何か、隠された目的があるように思えてならないのです。その目的を見破ることがウクライナ危機の本質を見抜くことにつながります。

欧米はポロシェンコのウクライナを支援しない

ポロシェンコ大統領は就任後間もなくEUとの自由貿易協定に調印しました。ここに、昨年11月以来のEUとの関係強化を求めたウクライナ親欧米派のデモの決着が一応ついたことになります。

しかし、この協定はウクライナ経済にどれほどの恩恵をもたらすか大いに疑問です。EUとウクライナの間には圧倒的な経済力の差が存在しています。ウクライナの一人当たり国民所得はたったの3900ドルにすぎません。そんな中で、自由貿易協定がウクライナに利益をもたらすわけがありません。言うまでもなく、自由貿易は経済的優位にある国に有利なシステムだからです。

EUはそう簡単にはウクライナに経済支援を実行しないでしょう。ウクライナが数々の条件をクリアすることを前提にしているからです。アメリカは10億ドルの債務保証を表明しました。しかし、これはアメリカの民間企業がウクライナに融資するときにウクライナ企業などがアメリカ企業に負うべき債務を保証するというもので、アメリカ企業の救済措置に過ぎないのです。ウクライナに対する支援ではなく、アメリカ企業に対する支援策であるのです。

ＥＵの１５０億ドルといわれるウクライナ支援は、もともと予定されていたものです。実施に当たっては種々の条件がありますが、中でもウクライナがＩＭＦ（国際通貨基金）の融資条件を受け入れることの条件がウクライナにとって最も厳しいものです。ＩＭＦは融資の見返りに必ず緊縮財政を要求します。この構造調整融資なるものの実態は、外資に開かれた経済構造にせよということです。財政赤字を減らす緊縮財政とは、従来政府が担っていた事業（公営、国営を含む）を民営化することです。民営化とは、要するに欧米の外資にウクライナ国民の財産である国営企業や公営企業を安値で売却せよということです。

中でも深刻なのは住宅用ガス供給価格の値上げです。ウクライナ政府は、家庭用ガスを国家予算から補助金を出して国民に低価格で供給しているのです。この補助金を廃止すれば、家庭用のガス価格は値上がりして、家計を直撃することは火を見るよりも明らかです。ウクライナ政府と国民にとって今回のデモのつけはあまりにも大きかったと言わざるを得ないでしょう。

そんな中、日本政府は１５００億円の経済支援をコミットしました。アメリカやＥＵと違って、実際に中身のある支援内容です。特に、水道事業の近代化のための１１００億円の円借款《しゃっかん》は、ウクライナ国民の福祉に直接裨益《ひえき》するものです。ただし、水道事業が将来ＩＭＦの構造調整融資の条件の一環として民営化される可能性には十分注意することが必要です。緊縮財政の行く先には公共事業の民営化が想定されているからです。

私は欧米諸国の今後のウクライナ支援にはかなり疑問を持っています。私が勤務していた親欧米派大統領の時代にあっても、ＥＵやアメリカはウクライナを真剣には支援してこなかったからです。ヘッジ・ファンドの雄であり、東欧諸国の民主化支援のＮＧＯ「オープン・ソサイエティ」を主宰するジョージ・ソロス（１９３０年〜）は、ウクライナに対するＥＵ側の冷たい態度を告発する発言を２０１４年３月にロンドンでの記者会見で行っています。ソロスはＥＵ特にドイツがウクライナ支援に消極的であったことを指摘しました。

このソロスの発言は私自身のウクライナでの経験とも一致します。当時（２００７年）アメリカはウクライナのＮＡＴＯやＥＵへの加盟を積極的に支持する発言を繰り返していました。そんな中でウクライナに冷や水を浴びせたのはドイツでした。

駐ウクライナ・ドイツ大使はウクライナ紙とのインタビューにおいて、ウクライナのEUやNATO加盟に強硬に反対する発言を行いました。彼はその後まもなく転勤になりましたが、どうもウクライナ政府の機嫌を損ねた結果のようでした。彼は私よりかなり後にウクライナに着任したのですが、私よりも早く転勤してしまったことから考えますと、外交用語に言う「ペルソナ・ノン・グラータ」（好ましからざる人物）としてウクライナ政府の信認を失ったため、ウクライナに留まることができなくなったのだと感じました。もっとも、ドイツ政府もさるもので、彼は駐フランス大使に「栄転」。ドイツも国のメンツ上通常の人事異動のような体裁をとる必要があったのでしょう。

いずれにしても、ウクライナはEU加盟をめざしてそれなりに努力していたのですが、EU側は消極的だったのです。そのような経緯もあり、今回の政変をきっかけにEUが態度を豹変させる可能性はまずないと考えます。ましてや、直接の当事者でないアメリカがウクライナのEU加盟のために積極的に汗をかくなどありえないことです。

EUとアメリカの今後のウクライナ支援の実態を十分注視する必要があります。

第2章

プーチン抹殺のシナリオ

プーチン抹殺二つのシナリオ

ウクライナ情勢をここまで混乱させた犯人は誰なのでしょうか。ウクライナ人の間では、ロシアに対する複雑な感情を持つ人もいますが、だからと言ってロシア人をウクライナから追い出すべきだとまで考えている人はいなかったのです。

すでに述べたようにウクライナ東部や南部にはロシア系住民が住んでいますが、彼らは35パーセント程度を占めるにすぎませんし、東部に住むウクライナ人はロシアと国境を接していることもあり、ロシアとの伝統的に緊密な経済関係もあって、概してロシアに親しみを感じている人が多いことも確かです。だからと言って、ロシアへの編入を望む人はほんの少数（せいぜい全住民の5パーセント程度）です。このような状況に鑑みれば、ロシア系住民がロシア編入をめざして住民投票をするとか、市庁舎を占拠するなどの武装闘争をするといったことは、住民の支持を得られるはずがなく常識的にはありえないことなのです。

ところが現在、そのありえないことが起こっているのです。これには表の報道ではうかがい知れない深い事情があると考えざるを得ません。誰かが何らかの目的でウクライナ人とロシア系住民をあえて反目させるような挑発的行動を取っていると考えるのが自然です。とするなら、その狙いはプーチン抹殺にあると断言せざるを得ないのです。なぜこの期に及んでプーチン抹殺なのか、その理由については第3章で詳しく論じますが、その筋書きは次のようになるでしょう。

〈シナリオ1〉

東南部においてロシア系住民を虐殺する。そうなれば、自国民保護という国際法上の大義の下に、ロシアが東南部に限定的にしろ軍事介入する。そこで、世界世論を侵略者プーチンへの抗議行動へと誘導して、プーチン大統領を国際社会で孤立化させる。このような国際社会の動向に呼応して、ロシア国内で親欧米NGOの指導の下に反プーチン・デモを扇動する。デモ隊の中にテロリストを潜入させ流血の混乱を引き起こし、その責任をロシア治安当局に押し付けて最終的にはプーチンを失脚させる——。

プーチンが失脚すれば、欧米はロシアの「民主化」を称賛し、新政権への支持を表明するでしょうが、プーチン後のロシア政権は内外政策について国際金融資本家たちの意向を無視することはできないでしょう。

〈シナリオ2〉

ロシアが実際に軍事介入をしなくても、親露派を軍事支援しているとの口実で、一層経済制裁を強化してロシア経済に大打撃を与える。やがてロシアで金融危機が発生し、ロシア政府にＩＭＦに対する支援を求めざるを得なくさせる——。

ロシアがＩＭＦの管理下に置かれれば、ロシア政府はＩＭＦ融資の見返りに緊縮財政を要求され、国営企業や公営企業の民営化を推進させなければならなくなります。そうなれば、アメリカ資本がこれらの企業、とりわけ天然資源関係企業を直接買収したり、またロシア系ユダヤ人の旧財閥などの復活が図られることになります。かくして、ロシア経済のグローバル化が実現することになるわけです。

奇《く》しくも、２０１３年12月に10年もの間投獄されていた元石油大手ユーコス社の所有者ミハイル・ホドルコフスキー（１９６３年～）が恩赦で釈放されました。なぜこの時期に釈放されたのかと言いますと、ソチ・オリンピックの開催をまじかに控え、逮捕投獄を厳しく非難してきた欧米に配慮した結果であると考えられます。にもかかわらず、欧米首脳はソチ・オリンピック開会式への出席をボイコットしました。その理由は、なんとプーチン大統領が同性愛結婚を認めないからという、言いがかりに等しいものでした。

しかし、２０１４年7月28日にオランダ・ハーグにある常設仲裁裁判所は、ロシア政府に対しユーコス社の財産を不当に没収したとして約５００億ドルの損害賠償を命じる判決を下しました。これに対し、ロシア政府は判決の撤回を求めてオランダ国内の裁判所に訴えることにしたようです。

この判決を報じた日本経済新聞（２０１４年7月29日付朝刊）は、「ウクライナ問題を含めて、国際社会によるロシアへの圧力が一段と高まっている状況が浮き彫りになった」と伝えていますが、この記事はきわめて重要な暗示をしています。本来、司法機関というものは政治情勢とは独立している必要があることは言うまでもありません。しかし、この記事は政治的に中立であるはずの司法機関までもがロシアに対し圧力をかけていることを示唆しているのです。

５００億ドルという賠償金は、ロシアの連邦予算の10分の１以上にもなるほどの大金です。逆に言えば、ユーコス社は最低でも500億ドルもの資産を保有していたということであり旧ロシア財閥の経済規模の巨大さを示すものと言えます。

アメリカはマレーシア機撃墜の衛星写真を公表せよ

現在のところ、ウクライナで起こっているさまざまな事件を巡る情報が錯綜しているので、真相が明確になるには時間がかかるでしょう。私たちは、偽情報、洗脳情報を見抜く力をつけなければなりません。たとえば、市庁舎が親露派によって占拠されているスリャビンスク周辺にシェールガスが埋蔵されているという情報がネットなどで流れています。しかし、これだけでは親露派が市庁舎を占拠する理由にはなりません。通常のビジネスのレベルで解決できる問題です。

また、ポーランドやアメリカの民間軍事会社の傭兵が東部ウクライナに展開していると言われています。彼らがロシア系住民を殺害しているという説には一理あります。なぜなら、ウクライナ軍はたとえロシア系ウクライナ人であれ自国民を安易には攻撃しないはずだからです。占拠者が覆面をしているのはなぜなのか、勝ち目のない占拠をなぜあえて行っているのか、常識的に考えれば、いま東部ウクライナで生じている事態は矛盾だらけです。この矛盾を解くカギは、先に述べた筋書きです。東部ウクライナを混乱させて、プーチンに軍事介入させること、そのためにはウクライナ政権の中の排外主義分子を利用してロシア系住民を弾圧し、プーチンが介入せざるを得ない事態へもっていく。そう考えれば、つじつまが合います。

衝撃的なマレーシア航空機のミサイル攻撃による撃墜事件（2014年7月17日）についても、真相は藪《やぶ》の中と言えます。事件後ウクライナ保安当局が早々と、親露派武装勢力がロシア製の地対空ミサイルで撃墜したとして、親露派武装勢力とロシア軍との会話の盗聴記録を公表しました。しかし、あまりにも手際が良すぎて疑惑が増すばかりです。

通常、盗聴の有無は隠すものです。これが情報機関の常識です。1983年に起こったサハリン上空での大韓航空機撃墜事件の際、自衛隊はソ連軍パイロットと軍司令本部間の会話を盗聴していましたが、この内容を公表することには最後まで抵抗しました。公表すれば盗聴能力が明らかになり、ソ連側に暗号の変更などの対策を講じさせる結果になって、その後の盗聴が不可能になるからです。この事件の際は、最終的には日本政府は国連安保理に盗聴記録を提出し、ソ連空軍機による撃墜の生々しい会話が安保理を通じ世界に明らかになったのです。

ことほど左様に情報機関は安易に盗聴の事実すら公開することはしないものです。そう考えますと、ウクライナ当局の手際良い発表はかえって疑惑を呼ぶ結果となったのです。

また、ウクライナ当局は撃墜に使われたとみられるミサイルを積んだ親露派のトラックを録ったとする映像を公開しました。これも疑問です。このような決定的瞬間を誰がいつ録ることができたのか、偶然にしては出来過ぎているのではないでしょうか。ウクライナ側はどうしても親露派の仕業に持っていきたいのでしょうが、もし本当に親露派の手によるものであるならば、何も急いで世界の関心の矛先を親露派に向けさせなくても、いずれ親露派からボロが出るのを待てばいいのです。

アメリカはウクライナへの軍事攻撃がロシア領内から行われているという7月21日から26日の衛星写真を公表しました。このような衛星写真よりもいまアメリカが公表すべきなのは、マレーシア機撃墜の衛星写真です。これが公表されれば、どこから撃墜に使われたミサイルが発射されたかが明らかになるはずです。親露派が撃墜したことを明らかにするには、この衛星写真を公開することが決定的証拠になると思います。しかし、なぜかこの写真は公表されていません（2014年7月末現在）。

欧州安全保障協力機構（ＯＳＣＥ）の調査官が墜落現場を訪れたが、親露派の武装勢力に阻止されたというニュースも流れました。これも奇妙なニュースです。もし、親露派の抵抗が予想されたのなら、もっと他にやり方があったはずです。これは、親露派を犯人に仕立てるための偽装工作の一環とみることも可能です。

ウクライナやアメリカはマレーシア機撃墜事件を口実にして、プーチン大統領を追い詰めようとしているとしか思えません。欧米メディアのトーンは犯人は親露派武装勢力で、彼らに撃墜用の地対空ミサイルを与えたのはプーチン大統領というラインでほぼ一致しています。通常この種の事件の真相究明にはそれなりの時間がかかることや、情報当局がインテリジェンスの結果を公表することは稀《まれ》であることなどを勘案しますと、早くから犯人を断定していることにかえって疑問を感じます。

プーチンが安倍総理に期待すること

もう一つ注目すべきことは、マレーシア機の乗客の多数がオランダ人などヨーロッパ人であったことをとらえ、アメリカ政府やメディアがＥＵに対し、もっとロシアに強硬な姿勢をとるよう圧力をかけたことです。ＥＵ内でも対ロシア制裁の強化を求める気運が高まりました。たまたまヨーロッパ人が多く乗っている航空機が撃墜されたのは、はたして偶然だったのでしょうか。ＥＵはこののち追加制裁を発表しました。我が国も追随しました。

ウクライナ政府は、なぜ徹底的に弱体の親露派武装勢力を取り締まらなかったのでしょうか。ウクライナ軍の実力をもってすれば、鎮圧できたはずです。私には、故意に東部を紛争地帯にしておくとのウクライナ側の作戦であるように思われてなりません。そのような作戦は、決してウクライナのためにはなりません。ウクライナを餌にしてプーチンを追い詰めようとするアメリカに利用されているだけです。私は、ウクライナ指導者たちが一日も早くこの真相に気づき、ウクライナ国民のための対策を早急にとることを望んでいます。ウクライナ政府は故意か偶然かはともかく、東部情勢の改善のための国際的な合意を事実上自ら壊しているように思えます。

たとえば、６月初めのノルマンディー上陸作戦記念行事の際に、フランスに集まったポロシェンコ新大統領とプーチン大統領、オランド仏大統領、メルケル独首相、オバマ大統領など欧米首脳との一連の会談の結果、いったん東部での停戦が合意されましたが、土壇場になってウクライナ政府が反故《ほご》にしたため、停戦合意は守られませんでした。また、同様にこれら関係諸国の外相レベルでも調停が試みられていますが、いまだ完全な合意が達成されていません。表の会談と並行して、水面下でさまざまな取引が進行中であろうと想像されますが、アメリカ、特にアメリカ政府に大きな影響力を持つウォール街の金融資本家たちの意向がどこにあるのかが、ウクライナ情勢を解決する鍵であることは言うまでもありません。

現在までのところ、プーチン大統領はアメリカの挑発に対して自制しているように感じます。ＫＧＢ出身のプーチンはさまざまな情報を総合的に判断して、対応を決めているのでしょう。プーチンがどこまで自制できるかが、ウクライナ危機を解決するもう一つの鍵となります。

これまでのところ、プーチンの発言などから見る限り、アメリカを一方的に非難はしておらず、またウクライナ東部情勢に関しても決して挑発的な言辞を弄してはいません。欧米や我が国のメディアはこのようなプーチンの自制の姿勢を評価していませんが、プーチンに対して世界の安定のために具体的な対応を説得できる指導者がいるとすれば、それは安倍総理ではないかと考えます。

プーチン大統領が信頼し、期待している世界の指導者としては、安倍総理がそのうちの一人であることは間違いないでしょう。このことは、プーチン自身やラブロフ外相の発言からもうかがえます。

プーチン大統領は現在の欧米とロシアの関係を打開するために、我が国の役割に期待しているのです。これは、我が国に対して欧米との離反を狙ったものではありません。プーチンが我が国に期待する役割は、ロシア自身の脆弱な経済構造を転換するための協力なのです。

今回のロシア制裁は改めて天然資源輸出に依存するロシア経済の隘路《あいろ》が明らかになりました。ロシアの天然資源はロシア人が保有すべきであるとのプーチンの愛国的信条は理解しうるものです。問題はロシアがこの原則を維持したままで、どのようにエネルギー分野も含め産業の近代化を進めることができるかということです。

その鍵は、我が国の明治維新以来の近代工業化の歴史にあるのです。プーチン大統領は、日本が欧米流の近代化と日本の伝統文化とを両立させて、近代工業化に成功した、その歴史に注目しているのです。プーチンの悲願は、「新しいロシアの理念」を実現することです。この新しいロシアの理念とは、欧米流の普遍的な価値とロシアの伝統的価値を融合させたものであり、これはまさしく近代化とアイデンティティを両立させた我が国の経験そのものです。第3章でロシアの市場化の失敗の顚末を詳しく見ることにしますが、プーチンは欧米外資による近代工業化には懐疑的なのです。ロシアの愛国主義精神、つまりスラブ民族主義精神と欧米的普遍的価値とを有機的に結合させてロシア型の近代工業国家を建設するには、日本の経験に学ぶ必要があると確信しているのです。

ロシアが安定した大国になることは、我が国はもちろん、アメリカにとっても、EUにとっても、ウクライナにとっても、世界にとっても好ましいはずです。ロシアのような広大な国が不安定化することは、世界にとって望ましいことではありません。ロシアが自国の経済的実力に自信を持つことができるようになれば、欧米の資本に対する警戒心も薄らぐと期待されます。このようなロシアは、アメリカ資本にとってビジネスチャンスが拡大することを意味します。ロシアの近代工業化はアメリカにとっても歓迎すべきことであるのです。

このように、我が国の対露経済協力がアメリカにもメリットをもたらすことを、アメリカに理解させることは可能だと思います。ロシアを急いでグローバル市場に組み込むことよりも、ロシアが経済的に自立できる国になるほうがアメリカの利益になると、安倍総理はアメリカに再考を促すことができるのではないでしょうか。

偽装作戦に惑わされるな

以上に見てきましたことを総合すると、今回のウクライナ危機は巨大な「Ｆａｌｓｅ Ｆｌａｇ作戦」に思えてなりません。いわば「偽装作戦」とも言える人々を欺く工作です。

この「Ｆａｌｓｅ Ｆｌａｇ作戦」については、拙著『国難の正体』（総和社、２０１２年）の中で、１９８５年に起こったアキレ・ラウロ号事件を紹介しました。パレスチナ・ゲリラに乗っ取られたイタリア客船アキレ・ラウロ号の乗客で、車いすに乗ったアメリカ系ユダヤ人の老人が射殺され甲板に長時間放置された後、海に投げ込まれた事件です。この映像が世界に流され、パレスチナ・ゲリラの残忍さに世界が驚愕した事件でした。

しかし、この事件の真相を暴いた元イスラエル国防軍情報部の工作員によれば、この事件の筋書きを描いたのはパレスチナ・ゲリラの攻撃対象であるイスラエルの情報機関モサドだというのです。つまり、パレスチナ・ゲリラの残忍非情な行為を世界の世論に訴えるために、イスラエル側があえて同胞のアメリカ系ユダヤ人を犠牲にして仕組んだ工作だったということでした。パレスチナ・ゲリラはイスラエルに買収されて乗っ取りを実行し、ユダヤ人を殺害しましたが、真の加害者はイスラエルであり、あたかもパレスチナ・ゲリラの犠牲者を装った工作だったのです。

私たちがウクライナ危機を見る場合、偽装工作ではないかとの疑いを持って個々の事件を精査する必要があります。偽装作戦を見破る方法は、ウクライナ危機の本質はプーチン抹殺にあるという視点から、一つ一つの出来事を私たち自らの頭で検証することです。つまり、ロシア愛国主義者のプーチン大統領を失脚させて、ロシアをグローバル市場に組みこむことが、ウクライナ危機の隠された目的なのです。この真相を世界から隠すために、ウクライナを巡り大がかりな偽装作戦が行われているのです。プーチン大統領を失脚させるためにウクライナを犠牲にしたと世界に知られては、都合が悪いからです。

プーチン抹殺とは、グローバル市場勢力、つまりアメリカの衣を着た国際金融勢力が、ウクライナ危機を口実に再びロシアを勢力下に置こうと企んでいる作戦のことです。21世紀の「ロシア革命」を意図しているのです。もちろん、今回の革命は共産主義革命ではありません。グローバル市場化革命なのです。

いずれにせよ、今回のウクライナ危機は単発的な事件ではなく、ロシアの支配をめぐる過去200年にわたる攻防がいよいよ最終段階を迎えたと解釈できるのです。200年の攻防とは、ロシアを金融の力で支配下に置こうと努めてきたロンドン・シティやニューヨーク・ウォール街の国際金融勢力と、帝政時代からそれに強く抵抗してきたロシアの国家指導者との戦いなのです。

それでは、これから国際金融勢力とロシアの攻防の歴史をひもといてみたいと思います。

第3章

ロシアを支配する者が世界を支配する

欧米首脳がソチ・オリンピック開会式をボイコットした理由

２０１４年2月のソチ・オリンピックの開会式に、欧米首脳はこぞって欠席しました。オランド仏大統領によれば、プーチン大統領が同性愛結婚を認めないことが欠席の理由だというのです。しかし、そもそも同性愛結婚否認問題は開会式を欠席までして不快感を表明しなければならないほど重大な人権侵害に当たるのでしょうか。決してそうとは思えません。欧米首脳は人権問題を持ち出してプーチンに嫌がらせをしたというのが本音でしょう。

彼らの態度が嫌がらせである証拠は２００８年の北京オリンピック開会式と比較するだけで十分です。このときは、中国政府は新疆《しんきょう》ウルムチ自治区などで少数民族に血の弾圧を加えていましたが、欧米の首脳は揃って開会式に出席したのです。この違いはどう説明できるでしょうか。それは、中国はすでに欧米が推進するグローバル市場に組み込まれていたからです。だから少々手荒い人権侵害があっても、問題にはしなかったのです。

私たちは、欧米は民主主義の擁護に関心を持っていると一方的に信じています。そのため欧米は中国の非民主主義的政策を非難するだろうと無邪気に期待しているわけです。しかし、現実はそうなっていません。我が国は欧米と価値観を共有していると言いますが、それが空しく聞こえるではありませんか？　価値観を共有することと、実際の行動で共通の価値を守ることは別の次元の問題なのです。

欧米諸国はなぜプーチンに嫌がらせを行ったのでしょうか。２００８年の中国と逆に考えれば、答えは出てきます。ロシアはまだグローバル市場に組み込まれていないからです。プーチン大統領がロシア市場のグローバル化に抵抗しているのです。そのようなプーチン大統領に対する欧米の警告でもあったと考えられます。その理由は、ソ連崩壊後のロシアに何が起きたかを検証することによって明らかになります。

天然資源を奪うための民営化

１９９１年末のソ連崩壊後の新生ロシアに乗り込んできたのは、アメリカの新自由主義者でした。ハーバード大学のジェフリー・サックス教授（１９５４年〜）をヘッドとする市場民営化チームは、いわゆる「ショック療法」を実践しました。

ショック療法とは、一夜にしてソ連時代の統制経済を自由な市場経済に転換させるという手荒い方法です。時間をかけて一つ一つ課題を解決していく方法ではなく、何が何でも、どんな抵抗や混乱が起ころうとも、それらを無視して強権的に市場経済原理を導入したのです。その結果、ロシア経済がどうなるかは火を見るよりも明らかでした。物資の価格統制を廃止したとたん、物価は「市場価格」を反映して急激に高騰し、インフレ率が80倍にも達するいわゆるハイパーインフレーションになったのです。ロシアの国民は生活基本物資を買うことさえできなくなってしまいました。

このころ、我が国でもロシアに対する支援運動が起こりました。食糧難に対処するためカップラーメンを送ったのはよいが、湯を沸かすガスが不足していたため食することができなかったという笑えない事態が伝えられたほどでした。

ロシア政府はエリツィン大統領の下でガイダル首相代行とチュバイス副首相が中心となって、サックス教授やＩＭＦの指導を実行しました。ロシア政府は国家財政立て直しのためにＩＭＦの支援を仰がざるを得ませんでした。ＩＭＦが介入すれば何が起こるか、現在のウクライナ情勢で説明した通りです。ＩＭＦの処方箋はいまも昔も基本的に変わっていません。民営化請負国際金融機関と揶揄《やゆ》したくなるほど、民営化一本やりです。なぜそうなのかの理由はもう説明する必要はないでしょう。共産主義という国家統制経済から市場経済への移行こそ、ＩＭＦにとってはこんな実験場は他にないと胸躍るほどの腕の見せどころであったはずです。しかし、結論から言いますと、このショック療法とＩＭＦ改革は大失敗でした。

価格統制廃止による国民生活の大混乱については上述した通りですが、もう一つの大失敗がありました。それは、国営企業の民営化を実現するための「バウチャー方式」と呼ばれる政策でした。バウチャーとは一種の「民営化証券」のようなものだと理解するとわかりやすいでしょう。バウチャーを集めて企業を立ち上げる資金にするか、あるいはこのバウチャーで民間企業の株を買えるということです。しかし、民間という概念がなかったロシアの人々にとって、バウチャーの意味など解《わか》れというほうが無理な相談です。結局一部の者がバウチャー方式の欠点を逆用して、無知の所有者から安値で買い集めて企業を立ち上げました。このようにして民間企業、特に銀行家が育っていったのです。

そして、次の段階に移ります。実はここからがロシアと欧米金融資本家との関係を知る上できわめて重要なところです。バウチャー制度を活用して生まれたロシアの民間銀行家たちは、今度は財政赤字に悩む政府に対し融資を申し出ます。後にも詳しく触れますが、このように政府に融資することが大金融資本家を生むメカニズムなのです。ロシア政府は二つ返事で銀行の融資を受け入れますが、天然資源の国営企業を融資の担保として取られたわけです。ロシア政府は借りた金を返せるはずがありません。かくして、ロシアの石油や鉱物資源などは民間銀行家の所有となってしまったわけです。

政府に金を貸して国営企業を手に入れた銀行家たちは、ロシアの新興財閥として経済社会のさまざまな分野を支配するようになりました。この新興財閥のことを「オルガルヒ」と呼びますが、ロシア政治を実質的に支配するようになったのです。かつては民主化の旗手として名声をほしいままにしたエリツィン大統領は、これらオルガルヒの言うがままになってしまい、国民の支持率も僅か0・5パーセントまで落ち込みました。

ロシア国民からは見放されたボリス・エリツィン（1931年～2007年）大統領でしたが、欧米での人気は根強いものがありました。その理由はもうおわかりでしょう。ロシア経済とりわけ天然資源企業の民営化を実現したからです。ロシアに天然資源を掌握した民間財閥ができた次のステップは、欧米資本とロシア資本との合弁や合併、提携です。このような状況下で、2000年にエリツィンの後をついで大統領になったのがプーチンだったのです。

ここで、成金財閥を列挙しておきます。さまざまなヒントを与えてくれる陣容ですから。新興財閥として有名なのは、次の7財閥です。

●ボリス・ベレゾフスキー（石油大手のシブネフチ、ロシア公共テレビのORTなど。1946年～2013年）

●ウラジーミル・グシンスキー（持ち株会社のメディア・モスト、民放最大手のNTV。1952年～）

●ロマン・アブラモビッチ（シブネフチ共同所有。1966年～）

●ミハイル・ホドルコフスキー（メナテップ銀行、石油大手のユーコス。1963年～）

●ピョートル・アヴェン（民間商業銀行最大手のアルファ銀行頭取。1955年～）

●ミハイル・フリードマン（アルファ銀行創設。1964年～）

●ウラジーミル・ポターニン（持ち株会社のインターロス・グループ、鉱物大手のノリリスク・ニッケル。1961年～）

以上7人のうち、ポターニンを除いてすべてユダヤ系です。ユダヤ系が商才に長《た》けていることが、新生ロシアの例でも証明されたのです。

プーチンに挑戦した新興財閥

プーチンが大統領に就任したのち、これら財閥とプーチンとの間には隙間《すきま》風が吹き始めました。プーチン大統領は彼らに対しビジネスは尊重するので政治には介入しないよう取引を持ちかけました。実はプーチンにエリツィン大統領の後任として白羽の矢を立てたのは、ベレゾフスキーだったのです。おそらく彼は、プーチンをエリツィンと同じように裏からコントロールできると思っていたのでしょう。プーチンを支持する政党「統一」を設立するほどでした。

ところが、プーチンは中央集権的な権力を強化して、権力の分散を防ぐことによって、政治への外部からの介入の道を閉ざしたのです。結局、ベレゾフスキーはプーチンを背後から操ることはできませんでした。次第にベレゾフスキーはプーチンと距離を置き始め、ついにはイギリスに亡命してしまいます。その後彼はイギリスの自宅で自殺体となって発見されました。

ベレゾフスキーよりも早くプーチンに挑戦したのは、メディア王グシンスキーでした。

主要なメディアを配下に置いていたグシンスキーは、メディアを使ってプーチンを批判し続けましたが、逆に大統領就任直後のプーチンによって横領詐欺などの容疑で逮捕されてしまいます。グシンスキーはいったん釈放されますが、すぐにスペインへ亡命しました。欧米にとってグシンスキーはロシアにおける言論の自由の象徴でもあり、プーチンによる逮捕は欧米の反発を招きました。ロシア国内でもこの逮捕は批判されました。メディアの影響力の強さと、メディアへの締め付けが世界的な反発を生むことが改めて証明されたような事件でした。

しかし、問題はメディアは果たして言論の自由の守護神であるのかということです。グシンスキーを頭から否定するわけではありませんが、本当に言論の自由が重要ならば、資金力にものを言わせて多くのメディアを支配下に置くことはしないはずではないでしょうか。メディアの独占が言論の自由を危うくするものであることは、言うまでもないからです。グシンスキーにはメディアを通じて政権に影響を及ぼすという狙いがあったことは明らかでしょう。

ここで、ロシアにとってのもう一つの天然資源である天然ガスをめぐる動きをまとめておきます。

現在のウクライナ危機の争点の一つは、ロシアによるウクライナへのガス供給問題です。本書執筆の時点（2014年7月末）現在、ガス問題は解決を見ていません。一言でいえば、ウクライナがガス供給価格が高すぎるとして交渉は決裂したままになっています。夏の時期はともかく、暖房が不可欠の秋以降にどうなるか、ウクライナ側も強気一点張りでは押し通せないことは十分心得ているはずです。

現在のところは、ガス備蓄の余裕があるのでウクライナ政府も強気の姿勢を崩していませんが、私が気になる点が一つあります。それは、ガス交渉決裂時のヤツェニューク首相の発言です。彼は、「ウクライナはロシアの軍事増強に資することになるガス料金を支払う意図はない」ときわめて挑発的な発言をしました。これは、ロシアに対する挑発であり、ガス価格交渉の枠組みを超えたものと言わざるを得ません。

実は、このヤツェニューク首相の発言に、今回のウクライナ危機の本質がうかがえるのです。つまり、ウクライナはあらゆる事項をとらえて、ロシアを挑発するよう圧力をかけられているのです。誰から圧力をかけられているかは、明白です。今回のウクライナ危機を演出したアメリカからです。

私が駐ウクライナ大使をしていたころのロシアの駐ウクライナ大使は、ヴィクトル・チエルノムイルジン元首相(1938年~2010年)でした。彼は職業外交官ではなく、いわゆる外交団との社交はまったくしませんでした。私がチェルノムイルジン大使と会ったのは、ロシア国祭日のレセプションの際と、彼が外交団長を務めていた時の同僚の大使の送別会レセプションの時だけで、型通りのあいさつを交わしたきり、会話はそれ以上進みませんでした。彼には日本に対する関心はなかったと思います。彼は首相になる前はガスプロムの社長でした。彼がウクライナ大使に派遣された唯一の理由は、ウクライナとのガス問題のためではなかったかと推察されます。

チェルノムイルジンの後を継いでガスプロムの社長になったのがレム・ビャヒレフ(1935年~2013年)で、プーチン大統領に解任される2001年まで社長職にありました。ビャヒレフの仕事ぶりに不満を持っていたプーチン大統領は、ガスプロムの社長に長年の友人たるミレルを据えました。39歳の若さで世界有数の企業の社長に就任したアレクセイ・ミレル(1962年~)は、現在に至るも社長に留まっています。ミレルはそれほどプーチンの信頼を得ているのです。

プーチンの知り合いというだけでなく、ミレルはそれまでの放漫経営を改め、ガスプロムの資産価値を一時、世界第三位にまで押し上げるほどの経営手腕を発揮しました。ガスプロムはかつては脱税で悪名高かったのですが、いまやロシアの国家収入の25パーセントを稼ぎ出しています。ウクライナは、このガスプロムという巨大企業と交渉しなければならないのです。このように紆余曲折はありましたが、ガス企業だけは新興財閥の手に渡らなかったことは、結果的にはロシア国民にとって幸いであったと言えるでしょう。

ロシアの国富をアメリカ資本主義に譲り渡す行為

ベレゾフスキーとグシンスキーの追放以降、新興財閥による政治介入は収まったかに見えました。新興財閥の実力者の一人アブラモビッチは、いまやロシア政治ではなくサッカーに関心を寄せています。イングランド・サッカーの名門チェルシーを所有しているのが、アブラモビッチなのです。

そうして政商としては腰砕けになった新興財閥の中で、最後までプーチン大統領に抵抗したのがミハイル・ホドルコフスキーでした。プーチン大統領とホドルコフスキーとの戦いはアメリカやイギリスを巻き込んだ国際的性格を帯びることになります。この闘争の内実を理解することが、現在のウクライナ危機の本質を理解することにつながります。

プーチンとホドルコフスキーの対決は、2003年に決戦を迎えました。プーチン大統領は、石油王手ユーコスの社長であったホドルコフスキーを逮捕したのです。10月のことでした。表向きの理由は脱税です。脱税容疑は単なる逮捕の口実ではありません。実際、ホドルコフスキーは国内オフショア制度を悪用して、他の主要な石油会社が24パーセントの税金を払っているにもかかわらず、わずか12パーセントしか払わなかったのです。しかし、逮捕の本当の理由はホドルコフスキーがプーチンとの約束を破って政治に口を出したことでしょう。

彼は、プーチンに反対する政党をイデオロギーに関係なく反プーチンであるという理由だけで支援したり、自ら2008年の大統領選挙への出馬を公言するようになりました。プーチンにしてみれば、ビジネスに特化していれば少々の脱税くらいは目をつぶることができたのかもしれませんが、自らの政治生命に挑戦するがごとき挑発行為は決して許せないと感じたことは想像に難くありません。

もう一つの決定的理由は、ホドルコフスキーと欧米との緊密な関係です。ユダヤ系のホドルコフスキーは当然欧米のユダヤ系の指導者たちと親しい関係にありました。その一人がイギリスのジェイコブ・ロスチャイルド卿でした。ホドルコフスキーはロスチャイルド卿と組んでＮＧＯの「オープン・ロシア財団」をロンドンに設立しました。読んで字の通り、「ロシアを欧米世界に開放する」というもので、ロシア民族主義者たるプーチンを刺激する活動です。続いて、アメリカにも事務所を開設、なんとユダヤ人のキッシンジャーを理事に招聘《しょうへい》するのです。こうなると偶然ではなく、ユダヤ系であるホドルコフスキーが欧米の主要なユダヤ人脈を意図的に活用したと言えそうです。

この欧米との関係緊密化は財団設立に留まりませんでした。最終的にプーチンにホドルコフスキー逮捕を決断させたのは、アメリカ石油メジャーとユーコスとの提携問題であったと思います。ユーコスはシブネフチ（アブラモビッチ所有）と合併することになっており、この世界有数のロシア石油会社はアメリカ石油メジャーのシェブロンやエクソンモービルに40パーセントにも及ぶ株を売却する交渉が進んでいたのです。

この一連の動きは、プーチンにとってロシア国家の富をアメリカ資本に事実上譲り渡す行為と映ったとしても不思議ではありません。ここに、プーチンはユーコス潰しを決断し、ホドルコフスキーを逮捕投獄し、結局彼はシベリアの刑務所に服役することになりました。ホドルコフスキー事件をめぐる一連の動きについては、栢俊彦『株式会社ロシア――渾沌から甦るビジネスシステム』（日本経済新聞出版社、２００７年）が参考になります。

ホドルコフスキーは、昨年末にプーチン大統領に恩赦され出所しました。このことと、ウクライナ危機とは連動しているのではないでしょうか。本書ではこれを検証する余裕はありませんが、今後のロシアと欧米との関係を見るうえで、関連性を頭に入れておく必要はありそうです。

ホドルコフスキー逮捕投獄を機に新たな米露冷戦がはじまったと見られます。世界のメディアは、2007年2月のミュンヘン安保会議におけるプーチン大統領のアメリカ非難スピーチをもって新冷戦の開始と伝えましたが、実際には2003年の10月に始まっていたのです。以後今日まで、メドベージェフ大統領時代の米露関係リセット時代はありましたが、ロシアとアメリカは基本的には冷戦状態が続いているのです。

2003年という年に注目してください。3月にはアメリカのイラク攻撃が始まり、アメリカの勝利とともに、イラクの石油はアメリカの資本が押さえました。イラク戦争は大量破壊兵器を保有するイラクを予防攻撃した戦争ではなく、イラクの石油をアメリカが奪うための戦争であったのです。これによって、アメリカは世界の主要な産油国を押さえたことになります。残った主要石油大国は、イランとリビアを除けばロシアだったのです。

したがって、ホドルコフスキーが逮捕され、やがてユーコスが解体されたことは、世界の石油支配の完成をめざすアメリカのメジャーにとっては大きな後退だったのです。

それから数年後、チュニジアをはじめ突如「アラブの春」現象と称される民主化運動が北アフリカ諸国に吹き荒れます。その結果チュニジアやエジプトで政変が起こりましたが、一連の民主化運動の真の狙いは産油国リビアであったことは想像に難くありません。世俗政権として国内を安定化し、それなりの繁栄を達成したリビアのカダフィ政権は、いわゆる民主化デモ勢力との長期にわたる内戦の結果打倒され、カダフィ大佐は虐殺されました。カダフィ政権を倒すことで「民主化」が成功したとされたのです。しかし、リビアはいまだにテロが横行し民主主義も実現されていません。一体誰のための民主化運動だったのでしょうか。

東欧カラー革命は対プーチン戦争

ユーコス事件を受けて、アメリカはどう対応したのでしょうか。アメリカはロシアのおひざ元旧ソ連諸国で反撃に出たのです。２００３年11月のグルジア「バラ革命」に始まる東欧カラー革命です。グルジアでは、ソ連時代の新思考外交で知られたエドゥアルド・シェワルナッゼ元外相（1928年〜2014年）が、1995年以来大統領に就任していました。シェワルナッゼ大統領は当初親米路線をとっていましたが、ロシアの圧力もあって次第にロシアに近づくようになっていきました。そこで、親米政権を樹立するために起こったのがバラ革命なのです。

アメリカの法律事務所出身のミヘイル・サーカシビリ（1967年〜）がシェワルナッゼの対抗馬として議会選挙が行われました。結果は、シェワルナッゼの与党「新グルジア」が21パーセントで第一位、サーカシビリ率いる「国民運動」が18パーセントで二位になりました。ところが、ここで選挙には不正があったとして、野党勢力のデモが発生したのです。デモ隊は議会を占拠するまでに暴徒化し、その結果、シェワルナッゼ大統領は辞任してサーカシビリが大統領に就くことになりました。これが「バラ革命」と呼ばれるものです。

この革命がアメリカによって演出されたことはいまや世界の常識になっています。前戦で活躍したのが、ジョージ・ソロスでした。彼は、旧ソ連圏諸国の民主化や市場経済化を支援する「オープン・ソサイエティ」を立ち上げて、資金援助を行ってきました。ソロスはグルジアに「オープン・ソサイエティ」の支部を設立し、反政府のグルジアNGOを育成します。このNGOが反政府デモを主導したのです。

もう一つ、選挙結果を不正であると決めつけた原因は、選挙監視にあたったアメリカの調査会社が投票所の出口調査でサーカシビリ陣営の勝利を発表したことです。正規の選挙管理委員会の発表はシェワルナッゼ陣営の勝利でした。これを受けサーカシビリ派のデモが起こったのです。このパターンをよく覚えておいてください。以下に述べるように、その後も同様の手法でアメリカは親米政権を成立させていきます。

2004年にはウクライナで今度は「オレンジ革命」が起こりました。11月に行われた大統領選挙は、親露派のヤヌコビッチ首相と欧米が推すユーシチェンコ元首相との争いとなり、決選投票でヤヌコビッチ候補が勝利しました。しかしここで、この選挙は不正であるとして敗れたユーシチェンコ派のデモが起こったのです。選挙結果を不正であるとしてデモを起こすのは、グルジアのバラ革命の際と同じパターンです。ユーシチェンコ陣営を応援して、アメリカのNGOや欧州安全保障協力機構（OSCE）などが選挙に不正があったと一斉に非難を始めました。外国の応援を得てデモはますます膨れ上がり、ウクライナ全土があたかも親欧米派のオレンジ色の旗に占領された感がありました。

オレンジ革命は私が赴任する前年に起こりましたが、デモが吹き荒れる中、欧米諸国や我が国はアメリカ大使館での情勢分析会議に参加していました。この圧力に屈してクチマ大統領は再選挙に同意します。そして、12月に行われた再選挙の結果、今度はユーシチェンコ候補が勝ちました。つまり、ユーシチェンコ候補が勝てば、選挙は公正に行われたということになったわけです。

アメリカのプーチンに対する反撃はこれで終わったわけではありませんでした。次に標的になったのは中央アジアに位置するキルギスです。キルギスでは２００５年3月に議会選挙が行われ、アカエフ大統領の与党が圧勝しました。しかし、野党陣営はこの選挙は不正だとしてデモを起こし、再選挙とアカエフ大統領の退陣を求めました。これに対し、アカエフ大統領はロシアへ逃亡し、ここにキルギス「チューリップ革命」が成就したのです。お気づきの通り、グルジアやウクライナの革命とまったく同様のパターンでした。

東西冷戦時代のステレオタイプな見方ばかり

このような一連のカラー革命を見て、プーチン大統領がアメリカとの対決姿勢を強めたことは想像に難くありません。プーチンは反撃に出ます。２００５年の5月にウズベキスタン東部のアンディジャン市で大規模な反政府暴動が起きます。デモ集団がカリモフ大統領の辞任を要求したのに対して、カリモフは武力で弾圧しました。デモ側に多数の死傷者を出して反政府暴動は終結しました。アメリカはカリモフ大統領の民主派勢力弾圧を非難し、真相究明のための国際調査団の受け入れを要求します。カリモフはこれを拒否しました。

ロシアがカリモフ大統領を支持したのは当然でした。アメリカは革命に失敗したのみならず、アフガニスタン戦争以来ウズベキスタンに駐留していた軍隊を引き揚げなければならなくなりました。

翌年、ベラルーシでも大統領選挙で圧勝した現職のアレクサンドル・ルカシェンコ（1954年〜）に対し、野党陣営が不正選挙を訴えデモを行いましたが、資金不足に陥り国民の支持を得られず、間もなく沈静化しました。これに対し、アメリカやEUはベラルーシに制裁を科しましたが、実際的な効果はまったくありませんでした。ちょうどこの騒ぎの後、在キエフ・ベラルーシ大使館がナショナルデイ・レセプションを開催しましたが、アメリカとEU各国の大使館員はボイコットして出席しませんでした。出席した私がベラルーシ大使から感謝されたのは言うまでもありません。

ロシアはアメリカの革命方式に対抗するため、2006年に「NGO規制法」を制定して、ロシアのNGOへの欧米からの資金流入や政治活動に対する規制を強化しました。このような「自由」の制限は欧米のみならず、ロシア国内の欧米派によるプーチンに対する格好の攻撃材料になりました。2012年に再び大統領選挙に当選したプーチンに対し、選挙に不正があったとしてデモが行われましたが、それ以上の進展はありませんでした。このNGO規制法はロシアにおけるカラー革命を阻止する目的で制定されたのです。

私たちは東西冷戦終了後、湾岸戦争、バルカン紛争、ユーゴ空爆、アフガニスタン戦争、イラク戦争などの戦争に関心を奪われ、ロシアに対する研究が疎《おろそ》かになっていました。今回のウクライナ危機を巡る一連のロシアの動向に対して、我が国のメディア、学者、専門家の分析は、基本的に東西冷戦時代の独裁国ロシアというステレオタイプ的な見方の域を脱していません。

しかし、ソ連時代のモスクワとソ連解体後のウクライナに勤務した私の経験から言えば、ソ連共産主義体制はロシアやウクライナの国情に合わない体制でした。両国ともに、敬虔なキリスト教東方教会（正教）の国であり、スラブ民族主義の伝統が強い文化国家です。無神論を唱え、民族主義、伝統文化を否定する共産主義とは水と油の関係なのです。

したがって、ソ連時代の色メガネで現在のロシアを見ることは、根本的に誤っています。私たちはすでに刷り込まれている古いソ連のイメージを払拭して、白紙の状態からロシアを見直す必要があるのです。

あえて繰り返しますが、東西冷戦の復活などという欧米メディアの視点で現在のウクライナ危機を見ていると、今回の危機が持つ本質をまったく見失う危険があるのです。そして、そのような誤りは、我が国の安全保障に直接跳ね返ってきます。私が何度もこの点を強調するのは、ウクライナ危機の帰趨《きすう》は我が国の安全に直接かかわることになるからです。

ロシア人にとってロシアそのものが「世界」

もう一度強調します。今回のウクライナ危機を利用して、アメリカはロシアにおける東欧カラー革命の再来を仕掛けているのです。その狙いはロシアをグローバル市場に組み込むことです。これは21世紀の今日に始まった戦いではありません。ましてや、以上に見てきましたように、ソ連崩壊後のロシアの誕生を機に行われたものではありません。ロシアとアメリカの攻防、より正確に言えば、アメリカに寄生している国際金融資本家とロシアとの攻防を理解するには、実は、いまから200年前まで遡らなければならないのです。いま現在、世界で展開されているさまざまな紛争の根底にあるのは、一言でいえばロシアをだれが支配するかということと関連があるのです。なぜなら、ロシアを支配するものが、最終的に世界を支配することになるからです。

「はじめに」で述べました通り、20世紀の初めに活躍した地政学の草分けであるハルフォード・マッキンダー（1861年〜1947年）は、いまでも地政学者が必ず引用する名言を残しました。「東欧を支配するものがハートランドを制し、ハートランドを支配するものが世界本島（ユーラシア大陸）を制し、世界本島を支配するものが世界を制する」というものです。マッキンダーが言うハートランドの核をなすのがロシアとウクライナです。この古典的定理は、ロシアを支配するものが世界を制することになるが、その際カギを握るのはウクライナの動向であると理解することができるのです。ウクライナがロシアと敵対する関係にあれば、ロシアを制する者によるユーラシア支配は完成しないわけです。

この名言からうかがえることは、マッキンダーは社会主義者であったということです。社会主義者とどう結びつくのかと疑問に思われるかもしれませんが、国境を超えた世界支配を考えるのが国際主義であることに、まず注目してください。社会主義とは国際主義を具体化したイデオロギーなのです。つまり、社会主義とは国境を廃止するという国際主義であり、マッキンダーが世界支配へ向けての青写真を示しているということは、彼は世界政府を念頭に置いている社会主義者であるということです。国際主義思想である社会主義は世界政府の樹立を究極の目標としているのです。そう考えますと、ロシアを支配して世界を支配しようと企む勢力は、マッキンダーの地政学と接点があると考えられるのです。

しかし、ここで注意すべきは、マッキンダーの定理はロシア国家が世界を制するとは必ずしも言っていないことです。ロシアを影響下に置く者がユーラシアを制し、世界を制するということなのです。ロシアは決して世界を支配する野望は持っていません。なぜなら、ロシア人にとってロシアそのものが「世界」であるからです。ロシア語で世界はミールといいますが、かつてロシア人の生活の基盤であったロシア農村共同体もミールであり、そしてミールは平和という意味でもあります。

逆に言えば、ロシアは世界規模の国際組織や世界政府などロシアの主権を制限する試みには強く反発してきました。ロシアは国際機関に決して幻想を抱いておらず、国際機関の本質は加盟国の主権を制限するものであることを見抜いているのです。なぜそうなのかと言いますと、ロシアはスラブ主義の伝統が根強いからです。ロシア国民は総じてスラブ愛国主義者と言えます。ロシア人にとっては、ロシアは世界ナンバーワンの国であり、たとえ一部の分野であれ他国の意思に支配されることを極端に嫌うのです。

今回のウクライナ危機とG7諸国によるロシア経済制裁は、マッキンダーの亡霊が21世紀に生き返ってきた感じさえしてなりません。再度繰り返しますが、ロシアは世界制覇の野心は持っていません。いますでにロシアという「世界」に住んでいるからです。自らの「世界」を侵略する者にはあくまで抵抗しますが（ナポレオン戦争やヒットラーの侵略に対してロシア人は最後にはこれらを打ち負かしました）、すでに「世界」を手中にしている以上、ロシア世界とは別の世界に組み込まれることは絶対に受け入れることができないのです。つまり、グローバル市場といった未来世界は、ロシア人が最も忌避している幻想に過ぎないのです。過去200年のロシア支配をめぐる攻防の歴史は、この自立自尊のロシア魂を如実に示していると言えます。

それではこれからロシア支配をめぐる攻防の歴史をひもといていきたいと思います。

第4章

国際金融勢力対ロシアの200年戦争

1　ウィーン会議

ナポレオン戦争で巨大な富を築いたロスチャイルド

ロシアの支配をめぐる国際金融勢力との戦いは、いまからちょうど200年前の1814年9月から、翌年6月まで続いたウィーン会議で始まったと見ることができます。ナポレオン戦争の後始末を話し合い、「会議は踊る」と揶揄された、あのウィーン会議です。私たちは歴史教科書でオーストリアの宰相メッテルニヒやイギリスのカースルリー外相、フランスのタレイラン外相の活躍を学びました。しかし、ここには最も重要な二人の人物が抜け落ちています。その一人はロシアの皇帝アレクサンドル一世（1777年～1825年）であり、もう一人は陰の主役ロスチャイルド家でした。

ウィーン会議の目的は、ヨーロッパ全土を巻き込んだナポレオン戦争後のヨーロッパ新秩序の建設であり、以後勢力均衡に基づくヨーロッパ協調体制ができました。これによってヨーロッパは1914年の第一次世界大戦までの約100年間、基本的には平和が保たれたというのが、歴史学者の間の通説です。果たして、この説は正しいでしょうか。第一次世界大戦に至る経緯を検討してみると、決してこのような見方が正しいとは思えないのです。では、一体ウィーン会議の本当の目的は何だったのでしょうか。

ロシアとユダヤ金融資本家の役割を抜きにしては、ウィーン会議の真相はわかりません。ナポレオンをロシアから敗走せしめたロシア皇帝アレクサンドル一世は、戦後秩序の指導者を自任していました。そこで、キリスト教国による神聖同盟を提唱したのです。この神聖同盟はいわばキリスト教徒による国際連盟のごときものでした。このロシアの呼びかけに応じたのはオーストリアとプロイセンでした。いわば、最初の国際機関とも言えるものです。

のちの歴史は、この神聖同盟は実効性のない空虚な理想にすぎなかったことを示していますが、キリスト教国の団結を訴えた精神的効果は決して少なくなかったと考えます。敬虔なロシア正教徒であるアレクサンドル一世は、ヨーロッパを戦乱に導いた諸悪の根源が国家の反宗教性にあるとみていたのです。ヨーロッパの支配者はキリスト教の紐帯によって国家間および国民との信頼関係を構築するべきであるとするのが、アレクサンドル一世の主張であり、このような紐帯こそヨーロッパの平和を保障するものであると考えたのです。

当然のことながら、何よりもユダヤ教を敵視するキリスト教国の団結という「神聖同盟」の構想に嫌悪感を示したのが、ロスチャイルドを筆頭とする国際金融勢力でした。ロスチャイルドたちの狙いは別にありました。それは、ヨーロッパ諸国を自分たちの金融力を使って支配することです。なぜなら、ナポレオン戦争というヨーロッパを疲弊させた戦争によって、巨大な富を蓄積したのがこれらの金融勢力だったからです。彼らは、各国政府に戦争資金を貸し付けて、巨額の儲けを懐にしたわけです。

政府に対する貸付以外にも、いわば情報操作によって富を築いた有名な例がロンドンのネイサン・ロスチャイルド（1777年～1836年）の国債操作です。

ナポレオン戦争の雌雄を決したベルギーのブリュッセル郊外のワーテルローの戦いにおいて、イギリスのウエリントン軍勝利のニュースを誰よりも早く入手したネイサンは、ロンドンの証券取引所でイギリス国債を売り始めました。これを見た仲買人たちは情報通のネイサンが売りに回ったのは、ウエリントン軍が負けた証拠だと思い込んで、証券市場はイギリス国債売り一色に染まったのです。イギリス国債は紙くず同然になりました。この時ネイサンはこれらの国債をまさしくタダ同然で買い集めたのです。そこへ、ウエリントン勝利の報がもたらされ、イギリス国債は暴騰します。ネイサン・ロスチャイルドが一夜にして巨万の富を築いたことがおわかりいただけたと思います。

これによって、ネイサン・ロスチャイルドはフランスに代わって世界の金融市場の覇者となったイギリスをコントロールする力を持ったのです。彼は、イギリス帝国を統治する傀儡《かいらい》など誰であっても構わない、イギリスの貨幣供給を掌握する私（ネイサン）が大英帝国を支配するのだ、と自慢げに語っています。

これが、金融支配による政府支配のメカニズムなのです。この構図は200年を経た今日でも変わっていません。私たちは、この表には見えない隠された事実をいま改めて心する必要があります。現在世界には200の国がありますが、民間金融資本家による政府のコントロールという図式を免れている国は数えるほどしかありません。のちに説明しますが、その例外的な国の一つがプーチン大統領のロシアなのです。

ロシア皇帝が謎の不審死

ナポレオン戦争を戦った諸国は戦勝国であれ、戦敗国であれ、すべて膨大な債務にみまわれます。債権者がロスチャイルド家であることは言うまでもありません。こうしてロスチャイルド家はヨーロッパの実質的権力者となったのです。ヴェルナー・ゾンバルトは自著『ユダヤ人と経済生活』（荒地出版社、1994年）の中で、19世紀の半ばにはヨーロッパにはただ一つの権力しか存在しない、それはロスチャイルド家だ、と言明しているくらいです。

このように権勢を誇るロスチャイルド家によるヨーロッパ新秩序に従わなかったのが、ロシアのアレクサンドル一世でした。ユダヤ教徒であるロスチャイルドの企てに反抗するかのようなイエス・キリストを救世主と仰ぐ神聖同盟は、ロスチャイルド家のヨーロッパ支配の野望に立ちはだかる目障りな存在に映ったとしても不思議ではありません。アレクサンドル一世はロスチャイルド家の怨念を買う羽目になってしまったのです。

アレクサンドル一世は当然のことながら、ロシアに中央銀行を設立すべきだとのロスチャイルドの提案にも同意しませんでした。後でも触れますが、ロスチャイルドの言う中央銀行とは民間の通貨発行銀行のことです。ロスチャイルドたち国際金融資本家は、イギリスを皮切りに各国に民間の中央銀行を設立していきました。世界の通貨発給権を握ろうとしたのです。各国の民間中央銀行を通じた世界支配。これが、アメリカの歴史学者キャロル・キグリーのいう民間金融資本家による世界支配のための国際的ネットワークなのです。ロスチャイルド家たちのヨーロッパ金融支配に挑戦したロシア皇帝アレクサンドル一世はやがて不審死を遂げることになります（1825年旅行中に急死）。

なお、余談ですが、ウィーン会議が終結した翌年、アメリカにおいて中央銀行が再び設立されました。再びという意味は、アメリカの最初の中央銀行（株の80パーセントはロスチャイルド家とその仲間が握っていました）は1791年に設立されたのですが、1811年に20年の認可期限が切れていたのです。アメリカ議会は認可の更新をあくまでも認めませんでした。そこで、1812年、イギリスとアメリカは戦争に突入します。戦争目的のはっきりしない戦争と言われていますが、読者の皆様は想像がつくと思います。ロンドン・シティの国際金融家たちがイギリス政府に対米戦争の圧力をかけたのです。

無益な戦争のため国家債務が膨らんだアメリカの連邦議会は、ついに中央銀行の設立

（期限は20年）を認めました。さらに、20年後にはまた同様の争いが繰り返されることになるのですが、時のアンドリュー・ジャクソン大統領（1767年〜1845年）は最後まで中央銀行法案を認めませんでした。その結果、1836年をもってアメリカでは中央銀行が廃止されたのです。

アンドリュー・ジャクソンは、ロスチャイルド家に抵抗したため暗殺のターゲットとなった最初のアメリカ大統領となりました。1835年にジャクソン大統領は暗殺者リチャード・ローレンスに狙撃されましたが、二丁のピストルは奇跡的に不発であったために難を逃れることができたのです。しかし、中央銀行の不在が後の南北戦争の遠因になるのです。

左翼革命運動と国際金融資本家の奇妙な連動

ここまで見てきた諸点以外のウィーン会議の結果を見ておくことにも、大変意義があります。

一つはユダヤ人の解放です。それまで都市のゲットーに押し込められていたユダヤ人は大手を振って街中に出ることができるようになったのです。フランス革命を機に始まったユダヤ人解放の動きは、ウィーン会議をもって完結しました。ユダヤ人はヨーロッパ人と平等になったのです。差別や迫害から逃れることとなったユダヤ人たちの喜びは想像するに難くありません。

かくして、能力に長けたユダヤ人たちは政府の閣僚や役人、教育者、企業経営者などになりました。その一方で、同じユダヤ人富豪の金融資本家たちは、自らの富を持ってヨーロッパ支配に乗り出したのです。ウィーン会議後ヨーロッパで頻発する革命騒ぎは、主として貧しい都市のユダヤ人が中心的役割を果たしました。既存秩序の打破を謳《うた》う左翼革命運動の高まりとロスチャイルド家などの国際金融資本家の支配の強化とは、不思議に連動しているのです。

1848年にはユダヤ人カール・マルクス（1818年～1883年）によって有名な『共産党宣言』が出されます。ユダヤ教徒を両親に持つマルクスの共産主義研究に資金援助をしたのは、ロスチャイルド家でした。資本主義を否定する研究に資本家の雄が援助するとは一見矛盾しているように感じられますが、実はそうではないのです。そこにはロスチャイルド流の深慮遠謀がありました。同時に、ロスチャイルドは共産主義とは対立する思想の研究にも援助を惜しみませんでした。その理由は、相対立する思想の力によって、イデオロギーの違いを利用、扇動して、人々を派閥に分割し、お互いを対立させることにありました。思想の力によって互いに戦い、破壊し合い、政治制度や宗教組織をことごとく破壊するように洗脳していったわけです。

これは、いわば「分割統治」方式です。人々の思考を分裂させることによって、紛争を起こし、紛争の双方の当事者に援助することによって彼らに対する支配を容易にするという戦略なのです。

「分割統治」と言うと、私たちは欧米列強の植民地統治を思い出しますが、分割統治の有効性は何も植民地だけに限りません。後ほど詳しく説明しますが、19世紀半ばから20世紀にかけて勃発した数多くの革命騒ぎを裏から支援していたのはロスチャイルド家などの国際金融資本家であったことを記憶しておいてください。

もう一つはスイスの永世中立国化です。私たちはスイスは永世中立国であると学校で習いましたが、なぜスイスがそうなったのかについては教えられませんでした。戦争を嫌ったからスイスは永世中立国になったわけではありません。

スイスは4万平方キロ（九州程度）の面積に、フランス語圏、ドイツ語圏、イタリア語圏など四つの民族言語から成り立っており、とても独立国としての条件を備えているとは考えられない国です。しかし、永世中立国であるスイス国内に銀行を持てば、戦争に際し両陣営に資金を供給することが可能になり、また、戦争が起こっても安心して財産を保管できることになります。スイスの永世中立国化は国際金融資本家の利益のために計画されたのです。

後のことになりますが、スイスのバーゼルには世界の中央銀行の「中央銀行」である国際決済銀行（BIS）が置かれることになります。また、スイスの永世中立国化に伴いジュネーブがスイス領に編入されました。それから約100年後、ジュネーブの地にユダヤ人が主導した国際連盟の本部が置かれたことを考えると、スイスの中立化は決して偶然の出来事ではなかったのです。ちなみに、ジュネーブは宗教改革時代の昔から国際都市でした。カルヴァンがジュネーブを根拠に後にピューリタニズムとなる思想を広めたことは、教科書で習った通りです。

2　アメリカ南北戦争

リンカーンに高利子を要求

アメリカの南北戦争とロシアは関係ないのではと多くの読者は思われるかもしれません。しかしそうではないのです。ウィーン会議に続き、南北戦争においても国際金融勢力はロシアから手痛い反撃を蒙《こうむ》ったのです。

私たちは南北戦争は奴隷解放をめぐる北部と南部の戦いだと教えられてきました。しかし、これは正しくありません。北部のリンカーン大統領は連邦制の維持のためには奴隷制度を認めてもよいと考えていたのです。

戦争の原因は北部と南部の経済状況の差にありました。工業地帯の北部と農業地帯の南部です。南部は綿花などをイギリスに輸出してイギリスから綿製品や工業製品を輸入していました。この貿易にはロスチャイルドなどのロンドン・シティの金融資本家たちが絡んでいました。しかし、北部の工業化が進むと北部は南部に高価格の北部製工業製品を強制的に買わせようとしたため、北部と南部に経済的利害をめぐり深刻な軋轢《あつれき》が生じていたのです。

ここにイギリスがつけこみます。イギリスは南部からの綿花輸入を禁止するとともに、不満を持った南部に対し、連邦から離脱して独立国となるよう扇動工作を開始しました。その功あって、1860年にはサウス・カロライナ州が連邦から離脱し、これを契機に同じく離脱した6州を加え、ここに南部連合が成立しました。

イギリスの金融資本家にすれば、経済的にも金融的にも強力なアメリカ合衆国が一つにまとまっている限り、アメリカは彼らの金融力をもって世界を支配しようとの野望の障害となると考えたのです。この時代のアメリカには、彼らの金融支配の手段であるアメリカの中央銀行がジャクソン大統領の拒否権によって期限切れとなって、存在していませんでした。

1861年に大統領に就任したエイブラハム・リンカーン（1809年〜1865年）の下で南北戦争がはじまりました。フランスのナポレオン三世はメキシコの植民地化を狙って兵を進め、北軍を牽制しました。イギリスは軍隊をカナダに送りアメリカとの国境線沿いに配置して、北軍に対する圧力を強めました。このような状況の中で、リンカーンは戦費の調達に苦労するのですが、ロスチャイルド家は36パーセントもの貸付金利を要求しました。リンカーン大統領はこの申し出を断り、連邦政府自らがアメリカ国家の信用のみに基づく紙幣を発給することにしたのです。１８６２年のことでした。この法定通貨は裏面が緑色に印刷されていたのでグリーンバックと呼ばれました。現在でも、アメリカドルはグリーンバックと通称されています。

この法定通貨発給は実に画期的なことでした。つまり、銀行が発給する通貨と違って債務を負わずに発給された紙幣であったからです。これがいかに画期的な出来事であったかは、早速ロンドン・タイムズがきびしく批判したことに如実に表れています。アメリカのジャーナリストのウィリアム・イングドールが『Gods of Money』で述べているように、ロンドン・タイムズは、この法定通貨が債務を負わずに発給されている点に噛みつきました。債務を負わずに紙幣が発給されると政府の負債は完済されてしまう。そうなれば、世界の富と頭脳は北アメリカに向かってしまう。こんな政府は破壊しなくてはならない。さもなければ、地球上のすべての君主国が破壊されてしまうことになるだろうと。それから3年後、リンカーンはロンドン・タイムズの予言通り暗殺されました。

アレクサンドル二世もロスチャイルドから恨まれる

リンカーン大統領がイギリスとフランスによる南部支援への対応に苦慮しているとき、リンカーンに援助の手を差し伸べたのはロシアのアレクサンドル二世（1818年〜1881年）でした。アレクサンドル二世はイギリスとフランスが南軍を支援するならば、それをロシアに対する宣戦布告とみなして、北軍側について参戦すると警告を発しました。そして、ロシア艦隊をサンフランシスコ港とニューヨーク港にそれぞれ派遣したのです。

アレクサンドル二世はリンカーンと同じく、民間の中央銀行設立には応じず、国立の中央銀行を設立しました（1860年）。ロシア帝国国立銀行は財務省の一部局として発足し、後に貨幣の供給も行いますが、要するに政府の経済政策遂行の機関であったわけです。このように政府の部局である中央銀行がロスチャイルド家の策謀する民間の中央銀行とは真逆の存在であったことは、ロシアに対する国際金融勢力の反発を増長させました。

加えて、南北戦争に際し、ロスチャイルド家が敵対していた北軍への支援の姿勢を明らかにしたアレクサンドル二世は、またしてもロスチャイルド家などの国際金融資本家たちから恨まれることになったのです。アレクサンドル二世は、ロシア政治にとって長年の宿題であった農奴解放を成し遂げた開明的君主でした。それゆえにロシアの革命主義者たちから標的にされていたのです。アレクサンドル二世は、1866年以降数回にわたり暗殺未遂事件を経験していましたが、1881年首都サンクトペテルブルクで、ついに社会主義革命をめざす人民主義者（ナロードニキ）に暗殺されました。彼らナロードニキがロスチャイルド家などの国際金融資本家の支援を受けていたことは想像に難くありません。

この頃、ロシアにおけるユダヤ人迫害が顕著になっていました。すでに述べたように、ウィーン会議以降ヨーロッパのユダヤ人は解放されましたが、最大のユダヤ人人口を抱えるロシアにおいては、ポグロムと呼ばれるユダヤ人虐殺事件が頻発するようになっていました。ユダヤ人たちの対応は社会主義革命によって皇帝政府を転覆する以外にないとの方向に向かっていったのです。このように、ロシアの社会主義革命運動の中心にあったのはユダヤ人でした。ユダヤ人に対する迫害を阻止するためにはロマノフ王朝そのものを打倒しなければならないとする急進的革命思想であり、ユダヤ人たちが自民族の解放のために大挙して社会主義革命運動に邁進するようになったのです。

それと同時に、社会主義がなぜユダヤ人の心をとらえたかを理解しておくことがきわめて重要です。社会主義は国際主義のイデオロギーです。この国際主義がユダヤ人の心情にマッチしたのです。なぜなら、祖国を持たず各国に離散しているユダヤ人にとって、国際主義、すなわち民族主義を否定するイデオロギーは自らの境遇に適していたからです。そして、この国際主義イデオロギーが20世紀の世界史的大事件、ロシア革命につながっていくのです。

3　ロシア革命

それはロシアのユダヤ人を解放するための革命だった

ロシア革命について、もちろん私たちは歴史の教科書で学んだわけですが、残念ながら真実は隠されていました。そもそもロシア革命という名称自体が誤解を招く元です。ロシア革命はロシア皇帝の圧政に苦しむロシア人が蜂起して帝政を転覆した革命では決してありません。ロシアの少数民族ユダヤ人を解放するために、国外に亡命していたユダヤ人がロンドン・シティやニューヨークのユダヤ系国際金融勢力の支援を受けて起こした革命であったのです。その意味で、ロシア革命ではなく「ユダヤ革命」と言うのが正しいのです。

イギリスの高名な知識人であるヒレア・ベロックは『The Jews』の中で、ロシア革命は「ジュイッシュ・レボルーション」であると明言しています（渡部昇一『名著で読む世界史』扶桑社、2013年。渡部氏と筆者との共著『日本の敵』飛鳥新社、2014年)。当時のイギリスやヨーロッパ諸国では、ロシア革命がユダヤ革命であったことは常識でした。しかし、我が国では現在に至るもロシア革命の真相が教えられていません。ロシア革命で成立したソ連邦が1991年に解体されたにもかかわらずです。

なぜロシア革命の真相を歴史教科書は伝えないのか、私たちは時代遅れの古い思想に、まだしがみついている気がしてなりません。ようやく最近になってロシア革命におけるユダヤ人の役割に焦点を置いた研究書が出されるようになりました。私のモスクワ勤務時代に時事通信の特派員であった中澤孝之氏による『ロシア革命で活躍したユダヤ人たち』(角川学芸出版、2011年)は、ロシア革命がユダヤ人主導で行われたことを、歴史的視点も踏まえ詳細に分析しています。2017年のロシア革命100周年まであとわずか3年です。中澤氏に続いてロシア革命の真相に迫る研究が多く現れることを期待します。

21世紀になっても世界が混乱状況にあるのは、ロシア革命の真相が理解されていないからです。革命と戦争の世紀であった20世紀を総括するうえで、ロシア革命の真相を解明することは必須であるのです。私たちが克服しなければならないのは、共産主義は労働者を解放する人道主義思想であるという間違った思い込みです。東西冷戦時代に育った私たちの世代は、共産主義は歴史の必然であり、正義の思想であると左翼知識人などから洗脳されてきました。しかし、共産主義の真相は労働者の思想でもなく、歴史の必然でもなく、正義のイデオロギーでもありませんでした。共産主義とは、国の資源と物言わぬ大衆を効率よく搾取管理する一握りのエリート支配層のための思想なのです。であるからこそ、共産主義国が少数のエリート支配による独裁政治になるのは必然でした。

私がソ連時代の在モスクワ日本大使館勤務（1979年～1981年）の際に目撃したのは、労働者大衆が生活物資に事欠きながら黙々と生活を送っている一方、贅沢品に囲まれた一握りの共産党エリートたちが超然と大衆を睥睨《へいげい》しているという超格差社会の実態でした。超格差社会の特徴の一つは、支配される側の一般大衆の人々に生気と笑いがないということです。人々はまず例外なくうつむき加減に、怒りと悲しみを抑えた生のエネルギーを喪失した無表情で行き交っていました。それはあらゆる面で管理されている大衆の姿でした。共産主義とはエリートの少数者が大衆を強圧的に管理するイデオロギーなのです。

1917年の11月革命によってウラジーミル・レーニン（1870年～1924年）たちのボルシェビキが権力を握りましたが、ロシア民衆の支持を得たわけでも、ましてや選挙で選ばれたわけでもありません。武装闘争によって権力を奪取したに過ぎないのです。ボルシェビキ革命政権の指導部は、8割がユダヤ人によって占められていました。レーニンは四分の一がユダヤ人です。

レフ・トロツキー（1879年〜1940年）はアメリカ在住のユダヤ人を引き連れアメリカ政府のパスポートによってロシアに入国し、革命に従事しました。トロツキーがまず行ったことは、ロシア人から金（ゴールド）を取り上げることでした。資本の私有を禁じる共産主義国家にあっては金の私有は禁止されるべきだというのが表向きの理由ですが、こうして国民やロマノフ王朝から取り上げた金銀財宝は、革命に資金援助をした国際金融家たちへの返済に使われたのです。

金の収奪以外に彼らがどのような政策をとったかは火を見るよりも明らかです。ロシア人に対する復讐でした。皇帝ニコライ二世（1868年〜1918年）一家は惨殺されました。何百万というロシア人がロシア人であるという理由だけで反革命の烙印を押されて銃殺されていきました。ノーベル文学賞を受賞したアレクサンドル・ソルジェニツィンは『収容所群島』のなかで、収容所の管理者であるユダヤ人の弾圧ぶりを描いています。

ことほど左様に、ジュイッシュ・レボルーションの実態は「人民民主主義」とはかけ離れたものでした。しかし、強力な言論統制の結果、これらの実態はあまり世界に知られることがありませんでした。アメリカのウッドロー・ウィルソン（1856年〜1924年）大統領に至っては、「素晴らしい民主主義国が誕生した」とソ連を賛美しているほどです。世界の情報をだれよりも掌握しているはずのアメリカの大統領ともあろう人物にしてこの有様です。

ロシア革命の真相を理解するカギはウィルソン大統領

私たちは、ウィルソン大統領はアメリカ民主主義の鑑《かがみ》であるかのように教えられてきました。しかし、ウィルソン大統領の業績を調べれば調べるほど、すぐれた民主主義者ではなく無害な操り人形であることがわかってきます。ウィルソン大統領の人物像を理解することが、第一次世界大戦やロシア革命の真相を理解することにつながるのです。

ウィルソン大統領がきわめて凡庸な学者であったがゆえに、今日まで続くアメリカの悲劇が開始されたのだと私は考えています。プリンストン大学総長を務めた後、ニュージャージー州知事になっていたウィルソンに大統領候補の白羽の矢を立てたのは、国際金融資本家でした。アメリカ政治では彼らの意向を無視した大統領選びは決して起こりません。ジョークとして語り継がれているように、アメリカにおいては大統領になるよりも大統領候補になるほうが難しいのです。

その意味はこういうことです。大統領候補は共和党、民主党の予備選挙によって選ばれますが、両党の大統領候補を誰にするかを最終的に決めるのはニューヨークの国際金融家たちなのです。まず、両党の大統領候補への指名を求める者は予備選挙に立候補しなければなりません。予備選挙には金がかかります。どれだけ献金を集められるかが決め手になります。資金不足のため予備選から脱落する候補が相次ぐことになります。次に重要なのはメディアによるスクリーニングです。メディアが候補者の過去の行状や予備選中の言動を批判的に報じれば、まず生き残れません。

以上のことは何を示しているのでしょうか。資金とメディアを支配している勢力が大統領候補選出に決定的影響力を有しているということです。このようにして選出された両党の大統領候補はどちらが当選しても彼らにとっては大きな違いがないということになります。だから、両党の政治家にとっては、大統領候補になることがきわめて難しいことになるわけです。大統領選挙はお祭りということになるのです。

では、ウィルソン大統領はなぜロシア革命を礼賛したのでしょうか。その理由は、彼の周囲を固めていた側近たちが皆社会主義者であったということです。ウィルソン大統領が第二の自分とまで呼んで信頼していたエドワード・マンデル・ハウス大佐は社会主義者でした。ハウス大佐は一介のユダヤ系民間人にすぎませんが、ホワイトハウス内に執務室を与えられていました。ウィルソン大統領の側近中の側近の補佐官であったのです。このように、議会の承認を必要としない、いわば令外官《りょうげのかん》がアメリカ大統領に最も影響を与える地位に就くことができるのです。

この方式は現在まで続いています。有名なヘンリー・キッシンジャー大統領補佐官（1923年〜）は、私人の身分でニクソン大統領の外交政策を牛耳りました。カーター大統領の安全保障担当補佐官であったズビグニュー・ブレジンスキー（1928年〜）は、オバマ大統領の外交顧問を務めたほど、長期にわたり民主党の外交政策に影響を与え続けました。

ロシア革命とアメリカ中央銀行設立が同時期であった理由

ウィルソン大統領の「功績」として、世界が忘れてならないのはアメリカの中央銀行である連邦準備制度を成立させたことです（1913年12月）。連邦準備制度を構成する連邦準備銀行は100パーセント民間銀行です。ロスチャイルド家などの国際銀行家が株主であることが特徴です。側近たちのアドバイスに忠実であったウィルソン大統領であったからこそ、かつてジャクソン大統領が一身を賭《と》して拒否し続けた民間の中央銀行を認める複雑怪奇な連邦準備制度法に署名することができたのでしょう。ウィーン会議から100年にして、ここにアメリカは完全に国際銀行家たちの軍門に降《くだ》ったのです。

ユダヤ人が主導するロシア革命とアメリカ中央銀行の設立がほぼ同じ時期に起こったことに注目するべきでしょう。国際銀行家たちは、アメリカとロシアの支配権をここに手中にすることができたのです。第一次世界大戦は、このアメリカとロシアの事件と密接に絡んでいます。

アメリカに民間の中央銀行ができたことは、アメリカが第一次世界大戦に参戦する金融的基盤が揃ったことを意味します。戦争には資金が必要です。しかし、この連邦準備制度のおかげで、アメリカは後顧の憂いなく戦争資金を調達する道が開けたのです。もちろん、借金することに変わりはありませんが、外国で戦費を調達するのではなく、連邦準備銀行から借りることで可能になったのです。

ここで注意していただきたいのは、連邦準備銀行から借りるというのは、株主たる国際銀行（多くは外国の銀行）から借りるのと同じですから、結局外国人から借金することと同じだということです。株主の国際銀行家たちは喜んでアメリカ政府に戦争資金を融資してくれるでしょう。アメリカ政府は確実に戦費を返済することができるからです。なぜなら、連邦準備制度法と同時に連邦所得税法が成立しましたので、アメリカ連邦政府は国際銀行家たちに返済を確約できるわけです。アメリカ国民から所得税をとることが可能になったのですから。

ロシアの中央銀行はどうなったのでしょうか。ソ連邦政府は中央銀行を設立しました。アレクサンドル一世以来100年以上続いた国際銀行家への抵抗は、ここに終了することになったのです。もっとも共産主義体制下の中央銀行ですから、建前上民間の中央銀行ではありませんが、ロンドン・シティやニューヨークの金融資本家たちの代理人の政権ですから、事実上国際銀行家たちの中央銀行であったわけです。

ところが、これで一段落したわけではありません。ソ連の歴史は資料が十分公開されていないことなどもあって、まだ全貌が明らかになっていませんが、少なくとも次の二点に関して歴史家は検証しなければならないと感じます。第一は、スターリンの評価です。第二は、ソ連はなぜ解体されたのかということです。この二点は国際金融資本家のロシア支配と関連が深いからです。

第二次世界大戦の戦後処理はロンドン・シティが決めた

スターリンに関しては、拙著『国難の正体』で詳述しました。スターリンは当初は国際金融資本家たちの支援を得てソ連の指導者の地位を手中にしましたが、次第に彼らと意見が対立するようになりました。その理由は、スターリンが唱えた「一国社会主義」にあります。

トロツキーの永久革命主義と衝突し、最終的にスターリンが勝ったというのが歴史教科書の見方です。問題は、なぜ一国社会主義路線が国際革命路線に勝利したのかという点です。それは、ソ連が一国で「世界」を構成しているからでした。ソ連人にとってソ連という世界以上の世界は必要なかったのです。まさしくこの点こそ、ユダヤ人トロッキーの国際革命主義と相容れないところだったのです。

スターリンはグルジア人ですが、ユダヤ系ではないかとの説も根強くあります。しかし私はスターリンはユダヤ人ではないと考えます。スターリンの本名はジュガシビリといい、この「ジュガ」がグルジア語でユダヤ人を意味するというのがユダヤ人説の根拠です。しかし、私が知り合いのグルジア人大学教授に確かめたところでは、「ジュガ」は一般的な呼称であってユダヤ人を意味するものではないとの答えが返ってきました。加えて、一国社会主義といったナショナリズム的な発想は元来ユダヤ思想にはなじまないものです。

もう一つの理由は、第1章でも述べましたが、スターリンはクリミアにユダヤ人自治共和国を樹立する提案を拒否したことです。もし、スターリンがユダヤ人であったのなら、この提案を拒否することは通常考えられません。以上、学問的に見て決定的証拠とは言い難いかもしれませんが、状況的にはスターリン非ユダヤ人説を説明できると考えます。

そのような観点から、第二次大戦におけるスターリンの動向を観察すると、興味深い諸点が見えてきます。私の結論を言えば、スターリンは朝鮮戦争勃発の頃までは、欧米の国際金融資本家の意向をそれなりに考慮に入れて政権運営にあたってきたと見受けられます。第二次大戦中の戦後処理問題はその典型的な例です。

ここで、当時の雰囲気を如実に伝えてくれるエピソードを紹介したいと思います。それは、スターリンの通訳者だったワレンチン・ベレズホフが自著『私は、スターリンの通訳だった。——第二次世界大戦秘話』（同朋舎出版、１９９５年）で明らかにした衝撃的な内容です。

ヒットラーの敗北が濃くなっていた１９４４年10月に、モスクワにおいてスターリンとチャーチルが会談しました。主な議題はポーランドなど東欧諸国の戦後処理でした。この会談の席でチャーチルは「つまらんものですが、私はこれに、ロンドンの特定の人間の考えを示す紙切れを持参しています」とスターリンに述べて、胸ポケットから紙切れを引っ張り出してスターリンに示したというのです。その紙切れに書かれた内容は十分驚愕に値するものでした。国名と数字のみで次のように書かれていたのです。

○ルーマニア　ロシア……90パーセント　その他の国……10パーセント
○ギリシャ　イギリス（アメリカとともに）……90パーセント　ロシア……10パーセント

○ユーゴスラビア　50パーセント、50パーセント
○ハンガリー　50パーセント、50パーセント
○ブルガリア　ロシア……75パーセント　その他の国……25パーセント

この提案については、その後両国の間で種々やり取りがあるのですが、私が注目するのは最終的にこの割合がどうなったかではなくて、チャーチルが「ロンドンの特定の人間の考えを示す紙切れ」と言明している点です。「ロンドンの特定の人間」とは果たして誰のことでしょうか。本書の読者であるなら、もうおわかりのことと思います。ロンドン・シティの国際金融資本家、さらに限定すればロスチャイルド家、そして当時の当主ヴィクター・ロスチャイルド（1910年〜1990年）のことだと思われます。つまり、第二次世界大戦の戦後処理の大枠は、国家の指導者ではなくロンドンの国際銀行家が決めていたのです。

私はこの事実をもっと多くの人々が理解しなければならないと思います。その後のヤルタ会談然《しか》り、ポツダム会談然りです。秘密主義のスターリンに騙された、ルーズベルトは病気だった、トルーマンは未熟だった、などの正統派学者たちの「言い訳」は聞きたくありません。彼らの視点からは、国家指導者を背後から操っていた勢力のことがすっぽりと

抜け落ちているのです。彼らが無知であったからでしょうか。それともなんらかの事情で書けなかったのでしょうか。

私たちは、ヤルタ会談はスターリンの一人勝ちであったと聞かされています。しかし、考えてもみてください。ルーズベルトの取り巻きのアメリカ代表団は国務長官や政府高官など錚々《そうそう》たるメンバーによって埋められていました。このような状態の下では、一方が他方を騙すなどといったことは考えられません。大統領や首相に同行したメンバーは文書の一つ一つを入念にチェックするわけですから、不利な条件を見逃してうっかり受け入れることなどあり得ないのです。もし、こういう一方的結果が生じたとすれば、それはどこか「裏」からの指示に従わざるを得ない事情があったと考えざるを得ません。

このような解釈は残念ながら正統派歴史学者の受け入れるところではありません。あくまで国家対国家の視点から国際政治を解釈しているのです。彼らの態度が故意なのか無知なのかはわかりませんが、もう私たちは長期にわたる洗脳から逃れて、国際政治を本当に動かしているのは誰なのかに向き合わなければならない時期に来ていると思います。

使い捨てられた「ソ連」

アメリカという国家をロンドン・シティやウォール街の国際金融勢力が動かすようになった契機は、東西冷戦の結果でした。東西冷戦とは、米ソの二大国が世界の覇権を求めて対立したという正統派歴史学者の解釈では、とうてい真相がわからないものです。東西冷戦は、国際金融勢力が自ら樹立したソ連という国家を使って、アメリカ「国家」を解体しようと狙ったものであると、私は解釈しています。

詳細は拙著『国難の正体』に譲りますが、東西冷戦を演出しなければならなかった理由はこうです。第二次世界大戦後、アメリカは世界の富の半分を所有するほどの超大国に躍り出ました。アメリカ国家のこのような一人勝ちは、世界支配を意図する国際金融勢力にとって好ましいものではありませんでした。彼らの野望を実現するためには、軍事力や経済力を備え、かつ精神的に健全な国家の存在は邪魔なのです。

彼らはアメリカに中央銀行を設立（1913年）して、アメリカの金融支配の基礎を築きました。とはいえ、アメリカ国家全体を牛耳るには至っていませんでした。アメリカのエスタブリッシュメントであったＷＡＳＰ（アングロサクソン系プロテスタントの白人）の影響力は依然として根強く、またキリスト教に基づくアメリカ国民の倫理観は健全だったのです。そこで、国際金融勢力はソ連の脅威を利用してアメリカを牽制するとともに、朝鮮戦争やベトナム戦争などにアメリカを巻き込んでアメリカ国民の士気を低下させようと工作したのです。これが、東西冷戦の真相です。

次章で詳述しますが、アメリカで新自由主義が台頭してくる時期と、ソ連崩壊が始まる時期とは一致しています。その意味は、アメリカで新自由主義政策が採用されてアメリカ製造業が海外立地で空洞化するとともに、彼ら金融資本家たちのアメリカ支配力が固まったのです。アメリカ経済の疲弊は貧困層を拡大し、アメリカは格差社会になっていきました。こうしてアメリカを動かす力をつけた国際金融勢力にとって、もはやソ連の利用価値はなくなったのです。そう考えると、なぜソ連が崩壊し、そのあと急激な民営化が強行されたのかが理解されます。

そして現在、これまで見てきましたように、ロシアを狙っているのはアメリカという国家ではありません。アメリカやイギリスに本拠を置く国際金融資本家たちなのです。彼らはロシアをグローバル経済に組み込みたいのです。では、次章ではなぜ彼らがロシアのグローバル経済化を狙っているのか、その理由を考えたいと思います。

第5章

道徳と民族を破壊する4人の洗脳者

グローバリズムという妖怪

これまでロシアと国際金融勢力との攻防の歴史を見てきました。この戦いは、何もロシアに限ったことではありません。現在地球的規模で世界をグローバル市場化しようと策動している国際金融勢力と、民族文化を擁護し、国家の独立を守ろうとする国家との戦いが繰り広げられているのです。すなわち、グローバリズム対ナショナリズムの戦いです。

この戦いの渦中に我が国も投げ込まれています。2012年12月の安倍政権成立以来、安倍総理の地球儀を俯瞰《ふかん》する外交上の活躍によって我が国の国際社会におけるプレゼンスは高まりました。ところが、まさに我が国の国際的プレゼンスが高まったがゆえに、安倍総理に対する中韓のみならず同盟国アメリカからの批判が高まってきたのです。本章は、その理由を明らかにするものです。まず、グローバリズムとは何か、その正体に迫りたいと思います。

1848年にカール・マルクスが『共産党宣言』を刊行しました。以後21世紀に至るまでの歴史は、革命と戦争の世紀であったと総括できると思います。マルクスは「一匹の妖怪がヨーロッパを徘徊している。共産主義という妖怪が」と謳い上げて、世界の虐げられた人々に福音をもたらしたかのように誤解されましたが、実際に世界は革命騒ぎと戦争の惨禍に覆われてしまいました。そして東西冷戦が終了して二十数年、いま世界には別の妖怪が徘徊するようになったのです。その妖怪こそ、グローバリズムです。

東西冷戦時の共産主義陣営の雄であったソ連邦が衰退する時期と、西側世界でグローバリズムが勃興する時期とは、奇しくも一致しています。ソ連の衰退は1979年12月のソ連軍によるアフガニスタン侵攻に始まりました。翌1980年にはポーランドで自由労組のソリダリティ運動が起こり、ソ連の東欧衛星国の中から反ソ連運動が勃発しました。この時はソ連は軍事介入することなく、翌年に強硬派と言われたヤルゼルスキー将軍をポーランド共産党第一書記に据えることで、いったんは危機を逃れました。しかし、ソ連陣営の鉄の規律が緩み始めたことが、当時モスクワに勤務していた私にもひしひしと感じられました。

1986年にはウクライナのチェルノブイリ原子力発電所爆発事故が起こります。当初、ソ連当局が事故の事実を隠したため周辺住民の避難が遅れ、救えたはずの数多くの生命が犠牲になりました。この事故処理の不手際は、ウクライナやチェルノブイリに近いべラルーシの人々に対し、ソ連という共産主義制度そのものに対する不信感を抱かせる結果となりました。加えて、この年は国際石油価格が低落した結果、石油など天然資源輸出に国庫収入の大半を依存するソ連経済にきわめて深刻な影響を与えることになりました。さらに、アメリカのレーガン大統領のスター・ウオーズ軍拡計画によって、ソ連はアメリカの軍事増強に追いつけなくなってしまったのです。

このようにソ連の衰退が始まった、まさにその時期にソ連の指導者に就いたのが、ミハイル・ゴルバチョフ書記長（1931年～）でした。ゴルバチョフは有名なペレストロイカとグラスノスチのスローガンのもとに、疲弊した社会主義体制の立て直しに着手しましたが、1989年にベルリンの壁が崩壊し、ここに社会主義陣営が終焉することになったのです。ソ連軍のアフガニスタン侵攻から、わずか10年後のことでした。それから2年の後、ソ連は解体され、ロシア、ウクライナはじめ15の構成共和国はすべて独立国家となりました。これらの新興独立国がそれまでの中央統制経済から市場経済に向けて一斉に舵を切りました。その後のロシアの事情については、第3章で見た通りです。

ボルカーは正しかったか

他方、アメリカでは80年代になっていわゆる新自由主義と呼ばれる経済政策がとられるようになりました。一言でいえば、経済は市場の調整に任せるのが最も効率よく運営されるので、政府の経済活動に対する規制はできるだけなくすのがよいとするイデオロギーです。この新自由主義経済政策の理論的支柱になったのは、フリードリッヒ・ハイエク（1899年～1992年）でした。有名な『隷従への道』を発表したハイエクの主張を一言でいえば、「経済への国家の介入は有害であり、市場を信頼すべきである。経済活動を市場に任せれば、自然と秩序が形成される」というものです。

ハイエクの後を継いだのがシカゴ大学のミルトン・フリードマン（1912年～2006年）で、政府の行動を縛ることと、自由な個人の活動を保障することによって、素晴らしい未来が約束されると強調しました。フリードマンの学説はマネタリズムと呼ばれていますが、マネタリズムとは要するに経済の自由化のことなのです。経済活動に政府は介入するなということですが、それがなぜマネタリズムと呼ばれるのかがミソなのです。この点を詳しく述べる紙幅の余裕はありませんが、マネーを供給しているのは誰なのかがわかれば、なぜ経済の自由化とマネタリズムが結びつくのかがわかります。

すでに、拙著『国難の正体』でアメリカの中央銀行たる連邦準備銀行（FRB）のカラクリについて述べ、本書でも触れたように、アメリカのドルを発給しているのはロンドン・シティやウォール街の国際銀行家が株主である民間の中央銀行です。通貨発給に関し、アメリカ政府は何の権限も持っていないのです。したがって、アメリカ政府が経済活動を市場に任せるということは、政府が通貨問題に一切介入しないことを確認することでもあったわけです。ここに、フリードマンのマネタリズム（通貨供給量の多寡によって経済運営をすること）と新自由主義経済政策が結びつくのです。

以後アメリカではシカゴ学派の主張通りの政策が行われるようになりました。注目すべきは1979年から1987年の期間、FRB議長を務めたポール・ボルカー（1927年〜）です。1981年に大統領に就任したレーガンは選挙運動期間を通じFRBの活動に関心を表明していました。また、ボルカー議長を交代させる考えも表明していたのです。しかし、ボルカーはそのまま居つくことになりました。

このへんの駆け引きがどうであったか、外からはうかがい知れませんが、ボルカーの後任になるアラン・グリーンスパン（1926年〜）は、回想録『波乱の時代』（日本経済新聞出版社、2007年）の中で、ロナルド・レーガン大統領（1911年〜2004年）にFRBの決定に干渉しないように忠告したことを明らかにしています。当時、ボルカー議長主導の高金利政策への批判は強く、通貨供給量を増やすよう求める声が強まっていました。グリーンスパンは、ボルカー議長の政策は正しいこと、ホワイトハウスとFRBが公然と対立すれば投資家の信任が揺らいで景気回復が遅くなると言ってレーガンを説得したというのです。

グリーンスパンはレーガン大統領とボルカー議長との微妙な関係についても触れています。レーガン大統領が会いたいと希望しているのに、ボルカー議長はなかなか応じませんでした。そこで、ホワイトハウスでもFRBでもなく、財務省で会うことになったのです。リーガン財務長官室での昼食会でレーガンは開口一番「いつも不思議に思っているのだが、FRBがなぜ必要なのかと聞かれることが多いのだ」とズバリ切り込みます。これにはボルカー議長が仰天したそうです。グリーンスパンは、その後二人は静かに協力するようになったと述べているだけで、おそらく緊迫したやりとりがあったと想像されるにもかかわらず、二人の会話を詳しく書いていないのが残念です。

ところで、大統領就任直後の１９８１年３月30日にレーガン暗殺未遂事件が起こりました。犯人はジョン・ヒンクレーという精神異常者の単独犯行とされましたが、何かすっきりしないものを感じます。警備が厳重な大統領にピストルを持ったヒンクレーがどうして至近距離まで容易に近づくことができたのでしょうか。ちなみに、ヒンクレーは後に裁判で精神異常を理由に無罪になっています。本件は幸いレーガン大統領が一命をとりとめ職務に復帰することができたことで、その後の検証は行われませんでしたが、ＦＲＢとの確執がこの背景にあったのかどうか、疑問の残る暗殺未遂事件であった気がします。

私たちに「選択の自由」はあるのか？

ボルカー議長の政策はフリードマンの学説通り、通貨供給量の調整に重点を置くことでした。そして、金利は自由化されたのです。通貨供給を減らした結果、金利が上昇し世界のマネーが高金利を求めてアメリカに集まりました。ちょうど私のニューヨーク総領事館勤務時代でしたが、市中金利が20パーセント近くまで上昇しました。この結果、投資へのインセンティブが削《そ》がれ、アメリカの製造業は海外立地をめざすようになり、アメリカ経済は不況に陥りました。工業大国アメリカを象徴する自動車会社のＧＭ、フォード、クライスラーは軒並み赤字に転じ、輸入日本車への風当たりが強くなりました。

レーガノミックスは、フリードマンの学説、すなわち通貨供給量による経済コントロールを実践しやすくするため、経済活動に対する政府の規制を可能な限り撤廃して、市場の調整に経済運営を任せる狙いを持ったものでした。当時、アメリカでは規制緩和という言葉には誰も抵抗できないほどの権威がありました。経済活動が刺激された側面があったのは確かですが、同時に本来規制すべき分野にまで緩和策が及んだため、たとえば航空事業の規制緩和の結果、次々と格安航空機会社が出現し、航空機の安全問題が深刻化するなどの負の側面が現れました。

また、同じころイギリスでは、「鉄の女」と称されたサッチャー首相が１９７９年に政権について以降に実施した自由化政策、いわゆるサッチャリズムのおかげでそれまでのイギリス病を克服できたと、もてはやされました。しかし、公共サービスの民営化による料金値上げや教育・福祉予算の削減は庶民生活を直撃したほか、とりわけ教育の荒廃を招きました。後のブレア首相が、一に教育、二に教育、三に教育と教育の再生を叫んだことはいまだに記憶に新しいところです。

このような負の側面があったにもかかわらず、政府の経済活動に対する規制は悪いことだという刷り込みがはじまりました。規制はなければないほどよいという掛け声の下で、規制緩和自由競争が奨励されたのです。その結果何が起こったか、貧富の格差が拡大したことを私たちは記憶しています。

先にハイエクの「隷従への道」を避けるべしとの主張を見ましたが、フリードマンは隷従に代わるものとは個々人の「選択の自由」であると強調しました。一見もっともらしい見解ですが、経済活動が行われる市場の実際を知らされていない多くの個人にとっては、市場で適切な選択ができないのです。これは、市場に関する情報は公平に共有されてはいないことを意味するのです。しかし、その点をあえて無視して選択の自由をあたかも私たちが持っているかのように洗脳する新自由主義者の欺瞞に気づかなければなりません。後にも触れますが、この欺瞞は現在でも行われています。

かつて民営化という言葉が我が国でも流行《はや》りました。「民でできるものは民で」という美しいスローガンに、多くの国民は騙されてしまいました。「郵政民営化、イエスかノーか」とのシングル・イシューの総選挙で、小泉自民党は大勝しましたが、民営化という言葉の魔力に選挙民は騙されてしまったと言えます。

民営化という言葉は正確ではありません。正しくは、私有化と言うべきです。つまり、市場は私人が支配しているのです。私人は公共の福祉に対し何ら責任を持ちません。そのような私益を追求している人たちが支配している市場で、経済の効率的運営や、資源の最適配分ができるはずがありません。現在の私たちは、市場という言葉の魔力に無感覚になっています。膨大な大衆が無感覚になっているからこそ、市場経済を通じて貧富の格差が拡大したのです。

新自由主義は利他主義を排撃する

本書は経済学の本ではありませんし、特定の経済政策の功罪を論じることが目的でもありません。しかし、経済学者や経済評論家など経済の専門家と称する人たちが書いた書籍や彼らのメディアでの解説では、いま市場で何が起こっているのか、その真相を私たち一般国民が理解することはまず不可能なのです。

私が本章で強調したいことは、新自由主義という思想が持つ意味なのです。現実の経済は経済学の理論によって動いているのではなく、経済理論の背景にある政治思想や世界観、人間哲学に影響されていると言えるからです。したがって本書では、グローバリズムの経済的分析ではなく、グローバリズムを生んだ思想に着目します。

グローバリズムを生んだ思想は上述したように、新自由主義思想でした。具体的には、シカゴ大学で生まれたと言えます。1970年代半ば、奨学生としてシカゴ大学に学んでいた時、グローバリゼーションによる新世界秩序の誕生を目《ま》の当たりにしたとして、『金で買えるアメリカ民主主義』（角川文庫、2004年）の著者グレッグ・パラストは、ミルトン・フリードマンの政策集団「シカゴ・ボーイズ」と呼ばれる一派（その当時はラテンアメリカ出身者が多く、後にチリのピノチェット政権の経済政策を担うことになる人々）のアメリカ人メンバーとして経験したことを述懐しています。彼はフリードマンの弟子のいわゆる「シカゴ・ボーイズ」たちが、アメリカや世界でグローバリズムを広める中心になったと述べています。

シカゴ大学のハイエクやフリードマンの下で学んだ留学生の中には、現在日本国内の要職についている人々も少なくないでしょう。この留学生やその弟子たちが、現在の我が国の経済界、官界、政界、学界、言論界などに大きな影響を依然として及ぼしているのです。新自由主義が単に経済学の一流派であるのなら、特に心配することはないと思います。しかし、新自由主義の実態はそんなに生易しいものではありません。新自由主義経済学は人間のマインドを変革する毒を含んでいます。その意味で、新自由主義経済学は経済の領域を超えて、一種の政治学でもあり人間哲学でもあるのです。

本章でとりわけ強調して取り上げたい新自由主義の理論的指導者の一人が、ロシア生まれのユダヤ系アメリカ人、アイン・ランド（本名アリッサ・ローゼンバウム、1905年〜1982年）です。思想家としてだけでなく、小説家や劇作家としても活躍しましたが、ハイエクやフリードマンに比べアイン・ランドの名前は日本ではほとんど知られていません。しかし、新自由主義の本拠地アメリカでは知らない人がいないほどの人気があるのです。彼女の徹底した利己主義の主張が新自由主義、リバタリアニズムの支柱となっています。『利己主義という気概』（ビジネス社、2008年）の中で、彼女はエゴイズムを積極的に肯定しているのです。

彼女のエゴイズム肯定思想は私たちを混乱させるばかりです。彼女が、なぜ保守思想家と見なされるのか、この点に彼女の思想の危険を読み解くカギがありそうです。ランドの思想のポイントは、資本主義を「完全で、純粋で、支配されない、規制を受けない自由放任資本主義（laissez-faire capitalism）」と定義し、国家と経済が分離している体制を資本主義の特徴ととらえていることです。このような資本主義は政府のさまざまな規制のために、いまだアメリカすら実現していないと主張するのです。そして、きわめつきは、自由放任資本主義を提唱する人々は、唯一の権利である個人の権利を提唱していることになると断言しています。つまり、利己主義（エゴイズム）こそ人間の最大の権利であるというのです。

利他主義の偽善を排撃するランドの論理は、彼女なりの定義に基づいており、一般的には理解することが困難に感じます。しかし、彼女の理論を論駁することは決して困難なことではありません。彼女の言う徹底した自由放任資本主義は、原理主義だということです。原理主義である以上、規制を一切認めないという硬直した主張になるのです。利己主義がすべてであるということは、利他主義を一切認めないということです。このような思想は、彼女の頭の中で設計しただけの独りよがりの思想です。利己主義は必ず他人の利己主義と衝突することになるからです。

彼女に言わせれば、利己主義が衝突するようではまだ利己主義に徹していないからだという詭弁になります。これが詭弁であるのは、衝突しない利己主義の世界など、まだこの世に一度も実現したことがない事実から明らかです。当然、将来も実現することはないでしょう。徹底した自由放任資本主義が理想の社会であるという幻想を振りまいているにすぎないのです。

現実の世界は、利己主義と利他主義のバランスで成り立っているのであり、どちらか一方に極端に偏ることは、必ず軋轢を生む結果となります。これは常識の問題で、難しい哲学思想の問題ではありません。紀元前の昔から、中道の生き方の重要性を釈迦牟尼仏《しゃかむにぶつ》が指摘している通りです。

正邪が逆転した世界

もう一点指摘するとすれば、ランドの利己主義至上主義は特定の能力に優れた強者の論理だということです。人間には能力に差がある、というより能力に違いがある、という点をまったく考慮に入れていないのです。

彼女の言う特定の能力とは、利他主義などという甘い考えをもった人間を出し抜く能力のことを指していると考えられます。彼女によれば、こういった類の人々は、「野蛮な武力や詐欺のような手段を使って、生産する人間から生産物をかすめ取ったり強奪したり、生産する人間を騙したり奴隷にしたりすることによって生き延びようとする」略奪者のことです。このような略奪者は、自らの力では生き延びることができない寄生虫であって、道徳的に正しい有能な人間を破壊することによって生き延びることができるのだというのです。これはまさしく正邪が逆転した世界です。

読者の皆さんは、ランドの思想には明らかに欠陥があるとみなすでしょう。では、なぜ私がこうしてランドに執拗に触れるのかと言いますと、リーマンショックの原因を作ったと言われるアラン・グリーンスパン元ＦＲＢの議長が、彼女を師と仰いでいるからなのです。グリーンスパンは回想録『波乱の時代』の中で、アイン・ランドとの出会いについて3ページにわたって説明を加え、「アイン・ランドはわたしにとって、人生に安定をもたらす存在になった。短期間のうちに、考え方が一致するようになった。というより、主にわたしがランドの考え方を理解できるようになったのだ」と書き、ランドがグリーンスパンの思想形成に決定的影響を与えたと告白しています。１９８７年から18年にわたってＦＲＢ議長を務め、独自の価値観に基づいて世界経済を動かしたグリーンスパンの哲学がランドに負っている事実に、私たちはもっと注目する必要があります。

それだけではありません。グリーンスパンは回想録では明確には述べていませんが、ランドがグリーンスパンを政府の要職にリクルートしたことを仄《ほの》めかしています。グリーンスパンがフォード大統領の下で大統領経済諮問委員会委員長に就任した際、ホワイトハウス大統領執務室での宣誓式にランドが隣にいたことが、「少しばかり注目された」と述懐しています。つまり、ランドの推薦によってグリーンスパンは大統領経済諮問委員会委員長になることができたことを暗示しているのです。このように、ランドは政治的な影響力も有していたのです。

先にロシアの市場経済化「ショック療法」を指導した経済学者ジェフリー・サックスに触れましたが、サックスはハイエクの思想を引き継いでロシア経済の市場化を指導しました。そのショック療法の失敗はすでに述べましたが、自由放任を良しとする市場経済が統制経済しか経験のなかったロシア人を混乱の極致に追いやったことは、新自由主義思想の

右から2人目がアイン・ランド。その左が大統領経済諮問委員会委員長就任直後のアラン・グリーンスパン、さらに左がジェラルド・R・フォード大統領。

持つ欠点を示して余りあります。つまり、市場という彼らのルールが支配する世界では、公正な競争など行われようがないことを肝に銘じておく必要があるのです。彼らによれば、私たちに許されているのは選択の自由ですが、この自由はランドに言わせれば利己主義という人間の至高の価値ということになるのです。

このような市場経済至上主義は、東西冷戦終了後のアメリカの世界戦略になるのですが、そのアメリカの戦略の決定的な転換点となるべき事件が起こりました。それが2008年のリーマンショックです。市場原理主義的な強欲資本主義の失敗が世界の前に明らかになりました。にもかかわらず、新自由主義経済政策は現在に至るも維持されています。

失敗が証明されたにもかかわらず、なぜそうなのでしょうか。結論を先に言えば、新自由主義に代わる新たな思想が生まれていないのが理由です。いわゆるアベノミクスの第三の矢は成長戦略と名付けられていますが、中には新自由主義思想の焼き直しではないかと疑問を持たざるを得ないような政策が提唱されていることが気になります。これらは、安倍総理の考えというより、具体的な成長戦略を考えだすべき官僚の頭が、新自由主義の呪文でがんじがらめになっているからだと思います。

市場は侵しがたい権威なのか？

私たちはここで自らの頭で考えなければなりません。市場経済至上主義、すなわち経済は市場の調整に任せておけばうまくいくという思い込みは、根拠のない洗脳です。私たちは市場の実態を知らされることなく、市場の力を信奉するように日々洗脳され続けているのです。

そんなことはないとおっしゃるかもしれません。では、日々の株式市場の解説を聞いてみてください。メディアに登場し当日の株価の上下を解説する市場アナリストと称する専門家たちは、どんな分析をしているでしょうか。彼らの説明を聞いても何も実態がわからないのが正直私の感想です。当然です。彼らは株式市場の真実を決して教えてくれません。誰が日々の株式動向に影響を与えているかということを決して教えてくれないのです。

その理由は簡単です。その実態が明らかになると一般の人は株を買わなくなるからです。私たちにとって、本来株というものは当該会社の成長を見守り喜びを感じるという、いわばタニマチ的な意味合いがありました。しかし、いまはまったく違います。単純化して言えば、主として外国人投資家は毎日コンピュータの端末をいじるだけの株取引をして、いくら利益を上げるかというマネーゲームに興じているだけです。このような株式運用は果たして健全な経済活動でしょうか。

このような素朴な疑問は一笑に付される危険があります。マネーゲームの毒にすっかり浸かってしまった人々からは、お金を儲けてどこが悪いのかという答えが返ってくるのがオチでしょう。

かつて、リーマンショック後、国の税金で救済してもらったアメリカ企業のCEOが巨額のボーナスを支給されていたことが問題になりました。その点が話題になったあるテレビ番組に出演した経済専門家が、これらの額を払わないと契約違反で訴えられるから会社は払うべきだ、巨額の報酬を提示しないと優秀な人材が集まらなくなる、などとコメントしていました。日本人の経済専門家の解説です。まったく本質から離れたコメントであることに気づかれたことでしょう。これが、市場原理主義の弊害の一例です。

日本人の経済専門家も発想はまったく新自由主義的発想、すなわちグローバリズム的発想に凝り固まっているのです。このような解説を毎日聞かされていると、市場というものが侵しがたい権威を持った存在に見えてくるから不思議です。市場がこう反応していると言われると、反論できなくなっているのです。そこで、これから市場を至上のものとして批判を許さない状況にしたのは誰なのかを探ってみたいと思います。新自由主義を突き詰めればグローバル市場化に行き着きます。

グローバル市場化をめざすアメリカは左翼

これまで見てきたように、私たちはグローバル市場化を当然の前提として経済を考えている危険性があります。なぜ危険かと言うと、グローバル市場化を善とみなして対策を立てるか、あるいは世界の趨勢だから仕方がないとあきらめてしまうからです。いわば、歴史の必然の流れであると自らを納得させてしまうという危険なのです。

しかし、私たちはともすると忘れやすいのですが、東西冷戦が終了するまでは、共産主義が歴史の必然と称えられた時期がありました。１９１７年のロシア革命以来70年にわたって私たちは共産主義という「歴史の必然」と戦い、共産主義を崩壊させることに成功しました。共産主義社会は資本主義社会が行き着く先ではなかったことが、目の前で証明されたのです。

このような否定できない経験をしたにもかかわらず、いまなぜグローバル市場化が歴史の必然の現象だと考えられるようになっているのでしょうか。本章で強調して取り上げたい二人目の人物が、グローバル市場化が歴史の必然であることを鮮明に謳い上げたズビグニュー・ブレジンスキーです。すでに触れましたように、ブレジンスキーの名前はつとに有名です。かつてはカーター大統領の国家安全保障問題担当補佐官を務め、最近ではオバマ大統領の外交顧問を務めたほどのアメリカ政界の重鎮です。ブレジンスキーの経歴に鑑みれば、彼の著作はアメリカの世界戦略と緊密に関連しているとみてよいでしょう。彼は2004年に出版された『The Choice』(『孤独な帝国アメリカ――世界の支配者か、リーダーか?』朝日新聞出版、2005年)の中で、グローバリズムに関して詳細に論じています。

ブレジンスキーによれば、グローバル化、すなわち世界経済への自由な参入は、新しいテクノロジーがもたらした自然で避けられない帰結であるのです。この点はアメリカの大富豪デヴィッド・ロックフェラーも回顧録で、グローバルな相互依存は確固たる事実であって、今世紀のテクノロジーなどの革命によってこの事実は覆せなくなった。世界のどこでも国境を超えての資本投下、商品や人の自由な流れが、世界経済の成長と民主的な制度をもたらす根本的要因となる、と断言しています。つまり、グローバル化はもはや避けられない現象であり、必然的に経済成長と民主化をもたらすというのです。

彼らはグローバル化があたかも自然な流れであると主張しますが、よく読めば彼らが人為的にこのような流れを創造したことがわかります。たとえば、WTO（世界貿易機関）、IMF、世界銀行はグローバル化の事実を地球規模で具体的に組織した機関であるとブレジンスキーは述べていますが、IMFも世銀も第二次大戦末期に設立された機関です。要するに、その頃からこれらの国際機関は世界のグローバル化を推進する手段とみなされていたのです。そう考えますと、同じ時期に設立された国際連合も、政治や社会の分野などで世界のグローバル化を推進するための国際機関であることが明らかになります。

ズビグニュー・ブレジンスキー

ブレジンスキーの主張の問題点は次の言葉から明白になります。ブレジンスキーは、「国家の評価は民主化の程度だけでなく、グローバル化の度合いによってもなされるべきである。グローバリゼーションが公平な競争の機会をすべてのプレーヤーに用意するという考え方は、現実かどうかに関係なく、この新しいグローバリゼーションの教義に歴史的な正統性を与える重要な根拠になった」というのです。この文章をどう解釈すべきでしょうか。

注意すべき点は、グローバリゼーションが実際に世界に福利をもたらすかどうかにかかわりなく、グローバリゼーションは歴史的な正統性を持つと断言していることです。もっと正直に言えば、グローバリゼーションは世界に不公平をもたらすものであるが、歴史的に必然の流れであるので、これに抵抗することは歴史に反することになるという脅しでもあります。

このブレジンスキーの論理に従えば、アメリカはグローバリゼーションが不十分であることを口実に、当該国に干渉することが許されるという一方的な結論になります。まさに一方的な論理ですが、アメリカが今日さまざまな国に軍事干渉も含め介入している事実は、このブレジンスキー・ドクトリンが決して机上の空論でないことを教えてくれています。

つまり、私たちの常識とは逆に、アメリカこそ世界の現状変革を目論《もくろ》む革新勢力、すなわち国際的な左翼であるということです。この点は、以下に述べるブレジンスキーのレジーム・チェンジを求めるアメリカの三段階戦略が如実に示しています。

アメリカが干渉しやすくするための「民主化」

このアメリカの戦略を要約するとこうなります。まず民主化する、次に民営化する、そして最後にグローバル化する、という三段階のレジーム・チェンジ方式です。

民主化とは要するに複数政党制を実現し、選挙を実施させることです。そうすれば、アメリカにとって好ましくない候補が当選したとき、選挙が不正であったと言いがかりをつけてデモを扇動し、好ましい候補が勝つまで選挙のやり直しをさせることができます。民主化あるいは民主政治とは、外部から干渉しやすくするための制度なのです。選挙には金がかかります。政治家が金を必要とするようになれば、金を融資する勢力の影響力が増すことは小学生でもわかる論理です。選挙民を誘導するにはメディア（情報）を握ることが必要です。情報操作によって、世論を好ましい方向に誘導することができます。すなわち、アメリカの言う民主化とは、金と情報による支配を容易にするという意味なのです。

2010年にチュニジアを皮切りに「アラブの春」現象が吹き荒れました。元世銀上級副総裁のジョセフ・スティグリッツ（1943年〜）はチュニジアやエジプトの民主化デモを評して、「チュニジアとエジプトの独裁政権に対する若者たちの蜂起は、心情的に理解できる。社会を犠牲にしてみずからの既得権益を守ろうとする、凝り固まった老人だらけの指導層に彼らは嫌気がさしていた」と解説しています（『世界の99％を貧困にする経済』楡井浩一・峯村利哉訳、徳間書店、２０１２年）。

しかし、私はこの解説を素直には受け取れません。このような老人が支配する中東の国はチュニジアやエジプト以外にも多く存在するからです。特にサウジアラビアなどはスティグリッツが指摘する典型的な国でしょう。しかし、サウジアラビアが同じように非民主的であっても、この種の運動は決して起こりません。その理由はご承知の通りです。サウジ王室とアメリカの石油利権が密接に絡んでいるからです。

この一連の「民主化」現象は、これらの国民が民主主義に目覚めたからでは決してありません。アメリカがコントロールしにくい政権を、暴力的デモを扇動して引きずり落としたのです。リビアのカダフィ政権がその典型的な例です。カダフィ大佐は、私たちが欧米のメディアを通じて刷り込まれてしまった変わり者の独裁者ではありません。カダフィは欧米の干渉を排して石油資源をリビア国民の福祉のために使った愛国者でした。それゆえに「民主化」デモを仕掛けられて、最後は白昼暗殺されてしまったのです。

現在のシリアも似た状況にあります。シリアのアサド政権は世俗政権でそれなりに安定していました。そのため欧米資本はなかなか入り込めなかったのです。シリアは主要な産油国ではありませんが、中東地域の地政学的な要衝を占める中堅国です。シリアではいまなお反政府勢力との流血の内戦が繰り広げられていますが、誰が見ても疑問を抱くのは、反政府勢力はなぜ強力な武装をしているのかという点です。彼らの武器は誰が援助しているのでしょうか。

シリアの内戦はどう考えても民主化勢力と独裁政権との戦いではありません。比較的まともな世俗政権のアサド大統領を倒すという武力闘争にほかなりません。にもかかわらず、我が国のメディアを含め欧米のメディアは、なぜ判で押したように反政府勢力を民主化勢力と報じているのでしょうか。

私たちは、このような洗脳にはっきりと気づく必要があります。この洗脳が効果を上げている背景には、東西冷戦時代の古い思考に染まってしまって、そこからいまだに脱出できない私たちの心理が存在しているように思えます。

言うまでもなく、第1章で検討した通り、ウクライナ情勢もまさしく同じパターンでした。「アラブの春」や東欧カラー革命と違う点は、今回はウクライナそのものがターゲットではなくて、狙いはプーチン大統領のロシアであったことです。第2章で見たプーチン抹殺のシナリオを思い出してください。「シナリオ1」で指摘した暴力デモによるプーチン失脚と、親欧米政権の樹立とは、ロシアの「民主化」になるのです。また、「民主化」によって成立した政府は欧米から民営化を要求されるでしょう。つまり、もし金融危機が生じIMFの支援を仰げば、融資の見返りに緊縮財政と大幅な民営化を要求されることになるでしょう。このようなプロセスを通じて、ロシア経済はグローバル市場に呑み込まれていくことになります。

ウクライナ情勢の本質が見えにくくなっているのは、私たちが洗脳されているからである点を、この際改めて強調しておきたいと思います。

ジャック・アタリという「予言者」

フランスにジャック・アタリ（1943年〜）という人物がいます。本章で取り上げる3人目が、このアタリです。アルジェリア生まれのユダヤ系フランス人アタリは、サルコジ元大統領の下で、21世紀に向けてフランスを変革するための政策提言を行った「アタリ政策委員会」の委員長を務めたことで、一躍日本でも有名になりました。２００6年に『21世紀の歴史——未来の人類から見た世界』（邦訳は作品社、林昌宏訳、２００8年）を刊行し、21世紀の世界政治経済情勢の見通しを予測しました。この本は日本に対する否定的評価に満ちていますが、グローバリズムとは何かを考える上で、貴重なヒントを与えてくれています。

アタリが真面目な学問的知識に基づいて21世紀の未来を予測したのであるならば、本書は丹念に読まれてしかるべきでしょう。しかし、残念ながら本書は一種のプロパガンダ本です。学問的誠実さによって書かれた本ではなく、これからの世界を設計する勢力の未来図を描いてみせたものです。

その理由は彼の経歴からうかがい知ることができます。アタリはフランソワ・ミッテラン大統領の下で大統領特別補佐官を務めましたが、このとき38歳という若さで職に就きました。ミッテラン大統領の時代は東西冷戦の終了、ヨーロッパ統合の深化（ヨーロッパ単一市場からヨーロッパ連合——EU——へ）という激動の時期でしたが、ミッテランの側近として、ドイツ再統一に際しては西ドイツのコール首相やイギリスのサッチャー首相などと直接渡り合ったと言われています。

このような彼の経歴を見ますと、アタリはフランスあるいはヨーロッパのキッシンジャーの役割を果たしたように感じられます。キッシンジャーがロックフェラーなどアメリカのエスタブリッシュメントの意向を受けて、歴代のアメリカ大統領に絶大な影響を及ぼしたことに鑑みますと、アタリもヨーロッパのエスタブリッシュメントの意向を受けて、ヨーロッパ首脳に影響力を及ぼしていたことが容易に想像できます。ヨーロッパのエスタブリッシュメントとアメリカのエスタブリッシュメントは表裏一体ですから、アタリの著作を読めば、この世界を動かしている人々の考えがどこにあるかを知ることができるのです。

『21世紀の歴史』の中で大いに参考になるのは現状分析です。アタリは明確に21世紀初頭の世界を次のように概観しています。

現状はいたってシンプルである。つまり、市場の力が世界を覆っている。マネーの威力が強まったことは、個人主義が勝利した究極の証であり、これは近代史における激変の核心部分でもある。すなわち、さらなる金銭欲の台頭、金銭の否定、金銭の支配が、歴史を揺り動かしてきたのである。行き着く先は、国家も含め、障害となるすべてのものに対し、マネーで決着をつけることになる。

この記述は、グローバリズムとは市場が全権を持つ世界であり、マネーを操る個人（私人）が市場の支配者であることを鮮明にしています。キーワードはマネー、個人、市場です。アタリは徹底した唯物主義者です。世界を覆う市場の力とは、唯物主義的観点からの世界の分析なのです。

ジャック・アタリ

これらは、奇しくもアイン・ランドの主張と軌《き》を一《いっ》にしています。アタリが「個人主義の勝利」と高らかに記すのと、ランドが徹底した利己主義こそ人間の権利であると訴えるのは、同じ意味を持っています。共通項は、政府（国家）の否定です。個人がマネーの力によって国家を無力化できると言っているのです。

たしかに、アタリが言うように「現状はいたってシンプル」なのです。マネーがすべてなのです。アタリが「国家も含め、障害となるすべてのものに対し、マネーで決着をつけることになる」というのは、やがて国家も民営化されるということです。アタリはこう続けます。「世界の唯一の法と化した市場」が「超帝国」を形成し、この超帝国が富の創出の源泉であり、極度の富と貧困の元凶になる。つまり、市場万能主義の超帝国では超格差社会になると言っているのです。そして、「超帝国では自然環境は喰い物にされ、軍隊・警察・裁判所も含め、すべてが民営化される」、すなわち国家が民営化されるのです。

実際に国家（政府）機能の一部は、すでにかなり民営化されています。たとえば、アメリカでは一部の刑務所が民営化され、民間企業が刑務所を運営し、着実に利益を上げています。投資家にとっては、刑務所はローリスク・ハイリターンの確実な投資先です。犯罪者は増えこそすれ減ることはありません。刑務所需要が供給を上回るので、刑務所経営企業への投資は確実に儲かるのです。また、イラク戦争で有名になりましたが、軍事請負民間会社も出現しました。ブラック・ウォーター社がそれです。現在のウクライナ紛争においても、東部の親露派武装勢力の鎮圧にアメリカの民間軍事会社の傭兵が使われていると言われています。

世界政府樹立のために市場万能主義の恐怖を刷り込む

アタリは単に恐ろしい未来図で私たちを脅しているだけではありません。この点が重要なのですが、アタリは市場万能社会は人類を滅ぼす危険性があるとして、このような悲観的な未来を避ける方法を提言しています。要するに、人類が滅びたくなければこの道しかないと言っているのです。アタリの言う「人類の残された選択肢」とは、民主的世界政府の樹立です。民主的世界政府は「超民主主義」に基づくものであり、「超民主主義」とは、現在の世界のあらゆる悪を超越する新たな人類の境地であるとするのです。

一見すると、大変美しい未来のような錯覚に陥りますが、つまるところ世界政府を作って市場を規制する必要があるという主張です。世界政府ができれば、世界の紛争を抑制することができるというわけです。つまり、アタリの主張のゴールは世界政府を樹立することにあり、そのために市場万能主義の恐怖を刷り込もうとしているのです。まずは市場の力が既存の国家を凌《しの》ぐことを示し、そのような世界が来ると市場の欲望をコントロールできなくなって人類が滅ぶ危険があると脅し、人類の滅亡を防ぐ方法は世界政府しかないと人々に信じ込ませようとしているのです。

このような手法は以前にも存在したことがありました。賢明な読者の皆さんならお気づきかと思いますが、第二次世界大戦後にアルベルト・アインシュタインやバートランド・ラッセル、それに日本人で最初のノーベル賞を受賞した湯川秀樹らが唱えた原子爆弾管理のための世界政府樹立運動です。原爆が使用されれば人類が滅亡するので、各国の枠を超えた世界政府が一元的に原爆を管理する必要があるという主張でした。グローバル市場は人類を滅ぼす危険があるので、各国の主権を超えた世界政府がグローバル市場をコントロールする必要があるという主張と、手口が同じではありませんか。

原子爆弾の一元的管理運動を陰で支えたのが、アメリカの大富豪のサイラス・イートンであったことは、拙著『国難の正体』で述べた通りです。アタリは、そしてアイン・ランドもそうですが、世界政府の樹立をめざす勢力の代弁者なのです。

アタリは『21世紀の歴史』で2008年の世界金融危機を予見したと、我が国でもてはやされました。しかし、アタリが詳細な経済分析によってそれを予言したのではなく、金融危機を起こす計画を知っていたと解釈することができます。その後の彼の著作、『金融危機後の世界』（作品社、2009年）や『国家債務危機——ソブリン・クライシスに、いかに対処すべきか？』（作品社、２０１１年）などを読むと、世界各国が抱える危険な水準の債務問題を解決するには地球中央銀行や世界財務機関の設立しかないと主張していることからも、アタリの一貫した姿勢をうかがうことができます。

『金融危機後の世界』でアタリが強調するのは、先に『21世紀の歴史』で提唱した世界政府を樹立する条件を、リーマンショックの教訓から改めて提示している点です。その教訓から、利己的な行動を戒め、利他主義に根差した労働の必要性を指摘し、真に希少なるものは時間であるので、自由時間を増やし人々に充実感をもたらす活動に対しては特に大きな報酬が与えられるべきことを強調しています。このあたりの見解は一見アイン・ランド流の徹底した利己主義礼賛と矛盾するようですが、そうではありません。ランドは私的なマネーの力によるグローバル市場化の道筋を示し、アタリはそのグローバル市場化が完成したのちの世界政府の樹立の必要性に重点を置いているのです。

国家の歴史とは国家に金を貸す者の歴史

２０１０年に書かれた『国家債務危機』において、アタリは国家債務と金融市場の関係を論じています。この本で金融市場の実態には触れずに金融市場の力が国家よりも上にあるとの前提で解説していることに、注意する必要があります。「金融市場は国家の枠に収まらない。国家を超えて存在している」ということが暗黙の前提になっているのです。

アタリは国家（債務）と金融市場をあくまで対立的にとらえています。「現在、唯一確かなことは、西側諸国全体が、国家と市場が睨み合う一触即発の危険領域に、足を踏み入れたということである」として、国家（政府）は債権者の思考・戦略・懸念を熟知することが非常に重要であるので、「市場の共感によってこそ、国家のサバイバルは可能となる」と断言しています。これは、今後多額の債務を抱える国家が存続できるか否かは、市場（債権者）の意向次第だという脅迫に受け取れるのです。債権者勢力がアタリを使って国家に挑戦状をたたきつけていると読むことが可能でしょう。

アタリの議論の中で最大の欠点は、債務はなぜ生じるのかという点に触れていないことです。「国家の歴史とは、債務とその危機の歴史である。歴史に登場する、さまざまな都市国家・帝国・共和国・独裁国家も、債務によって栄え、債務によって衰退してきた」とする彼の歴史観は正しいと思いますが、これを逆に言えば、「国家の歴史とは、国家に金を貸す者の歴史である。国家に金を貸す者が歴史を動かしてきた」という歴史観になるのです。

期せずして、アタリは私たちがいままで見落としてきた歴史の真相をつかむ手がかりを与えてくれました。私たちが本当の歴史を知るためには、誰が国家（政府）にお金を貸しているのか、その仕組みを知る必要があるのです。なぜなら、その国家にお金を貸している者こそ、歴史を操ってきた人たちであるからです。

アタリは続けて、過剰な公的債務に対する解決策は八つあるとして、増税、歳出削減、経済成長、低金利、インフレ、戦争、外資導入、デフォルトを挙げ、これら以外には解決手段はないと断定しています。しかし、この断定は間違っています。もう一つ、決定的に重要な解決手段があります。それは、通貨発給権を持つ中央銀行の改編です。すなわち、民間の中央銀行を改編して公的な中央銀行にすることです。実は、これですべての国家債務問題は解決するのです。

アタリは「国家の歴史とは債務とその危機の歴史」と書きますが、その意味は、国家は自ら通貨を発給できず、通貨を必要とするときには民間の中央銀行から借金をするシステムになっていることです。第4章で、リンカーン大統領が政府の法定通貨を発給したことに触れました。これに対し、ロンドン・シティの国際金融勢力の意を受けたロンドン・タイムズがリンカーンの法定通貨をきびしく批判して、このようなことが行われればアメリカ政府は借金のない政府になってしまうと嘆いたことに如実に表れています。本来、国家の歴史は債務の歴史ではないのです。

にもかかわらず、現在では国家は通貨を発給できなくなってしまっているのです。通貨は民間の中央銀行が政府に融資することによって流通するシステムになっているのです。つまり、政府の負債が通貨を生み出すわけです。これが現代の錬金術であり、歴史のカラクリです。このような金融システムのエッセンスを正統派経済学者も専門家も決して教えてくれません。興味のある方は、拙著『国難の正体』を参照してください。

この間違ったシステムを廃止すれば、国家の債務問題は解決するのです。アタリが挙げた八つのどれを実践しても、国家の債務問題は解決しません。解決策はただ一つ、民間の中央銀行を公的な中央銀行に改編して、政府自ら通貨を発給することです。いままで隠されてきた真実を一般の国民が知ることによって、国家の経済運営は正しい方向に進むことが可能になるでしょう。

アメリカがドルで金融を支配できた時代の終焉

ここまで国家が見くびられている事実に私たちはもっと注意を払う必要があります。アタリ、すなわち世界の国家債務の債権者たちは、アメリカが崩壊することを前提にしてこのような議論を進めていると考えられます。アメリカが基軸通貨ドルを通じて世界の金融秩序を支配できた時代は終わったというメッセージなのです。だからこそ、明確に数々の金融世界機関の設立を提唱しているのです。世界の債務の返済を世界中の人々の貯蓄でファイナンスする「世界修復基金」の設立とか、世界単一通貨、世界中央銀行、地球財務機関の創設に言及しています。

このような世界は、もはや伝統的な意味での国家や国民は存在しないことを前提にしています。アタリは、私たち日本人の預金が、たとえばアフリカの銀行の債務返済のために使われるといったとんでもない世界を、大真面目に想像しているのです。

ここで言う世界単一通貨は現在の事実上の国際決済通貨であるアメリカドルの崩壊を前提としています。世界中央銀行とは、言うまでもなく世界単一通貨を発給する銀行です。

そして、世界財務機関とは世界の予算を握る機関で、世界の個々人の最低年金の支給まで構想されているのです。もうこれは人類全体を統治する世界統一政府そのものと言わざるを得ません。

以上を整理しますと、アタリの狙い、すなわち彼にこれらの本を書かせた勢力の狙いは、世界統一通貨の創設と世界政府の樹立であることが、明らかになりました。私たちはこのような視点を持って彼の本を読む必要があります。このような精神的武装をして臨まないと、簡単に洗脳される危険があるからです。

2010年頃に我が国でアタリがもてはやされたときは、アタリ礼賛の報道がメディアにあふれたものです。来日したアタリに当時の菅首相が会見したり、講演会には聴衆があふれかえったり、日本中がフィーバーしました。しかし、アタリの処方箋は利他主義という美辞麗句にはなく、国際金融資本家たちによる世界統一政府の樹立にあることを見抜いた指摘はついぞ聞かれませんでした。民主党政権下の我が国は、残念ながら精神的にも弛《し》緩《かん》していたと言わざるを得ない事態でした。

スティグリッツは庶民の味方ではない

最後に、同じく洗脳に注意すべき例として、グローバリズムの論客の一人で日本人にもよく知られているジョセフ・スティグリッツを取り上げます。元世界銀行のチーフエコノミスト兼上級副総裁であり、2001年にノーベル経済学賞を受賞した大物経済学者です。クリントン大統領時代には大統領経済諮問委員会委員長を務めました。

スティグリッツは著書『世界を不幸にしたグローバリズムの正体』（徳間書店、2002年）の中で、世界銀行やIMFの発展途上国に対する融資政策を批判して脚光を浴びました。しかし彼は、世銀やIMFのグローバル化のための構造調整融資そのものを否定したわけではありません。善意で行ったがやり方が賢明ではなかった、グローバル化は望ましいことなので問題はどのようにグローバル化を進めるかにあると主張したのです。要するに、スティグリッツはグローバル化推進論者なのです。

彼のこの主張は、2012年に出版された『世界の99％を貧困にする経済』で一層明確になっています。グローバル化が超格差社会をもたらし労働者の生活水準を低下させているので、反グローバル化運動が拡大している。したがって、グローバル化をもっと均衡のとれた状態に戻さなければならないと論じているのです。リーマンショックの後で書かれた本でも、相変わらずグローバル化を推進する必要があるという主張を維持しているのです。

私は、ジャック・アタリやアイン・ランドに比べれば、スティグリッツに誠実さを感じます。庶民の窮状に対してある程度の同情を示してもいます。しかし、彼の改善策は結局のところ実現不可能な項目を解説している段階に留まっているのが残念です。現在のアメリカの格差社会を改善するには、市場中心主義そのものを変革しなければならず、市場中心主義の元凶は中央銀行たるFRBの私益中心の行動であるにもかかわらず、以下に述べるように、スティグリッツは市場中心主義が生き延びるように、市場の修正を唱えているにすぎません。

スティグリッツは、「上位1％による上位1％のためのマクロ経済政策と中央銀行」の章を設けて、アメリカの中央銀行FRBについて論じています。しかし、残念ながら隔靴《かっか》掻痒《そうよう》です。通貨政策とマクロ経済政策とFRBの行動が不平等の拡大に寄与している点があるというのは正直な指摘だと思いますが、FRBがなぜ富の配分に関心がないのかの理由を明らかにしていないのです。その答えは簡単ですが、本質的です。FRBは民間銀行だからです。スティグリッツはこの事実だけはどうしても書けないのです。この事実に触れずにFRBの政策を批判しているため、どうしても堂々巡りのような議論になってしまうのです。

スティグリッツの論点を一つ一つコメントする紙幅の余裕がありませんので、中央銀行の独立性に触れた部分のみ取り上げます。これだけでも、スティグリッツが、FRBが民間銀行である点に触れるのを巧妙に回避していることがよくわかるからです。たとえば、「現在の一般通念の主張は、中央銀行は独立機関であるべきだというものだ。もし、中央銀行が政治権力の言いなりであったら、政治家たちはコストを遠い未来に押しつけて、目先の利益を得るために金融政策を操作するだろう」との指摘を取り上げてみましょう。

この文章を読むと、つい私たちは頷いてしまうのではないでしょうか。ここに、巧妙な洗脳があります。なぜ中央銀行、つまり通貨発給権を持つ銀行が政府の影響下にあってはならないのでしょうか。

彼は政治家が選挙用に悪用するからだと述べていますが、だとすれば、通貨以外の政策分野は政府（政治家）が選挙用に悪用しても問題ないというのでしょうか。現に、選挙前であろうがなかろうが、通貨政策を除き政府（政治家）が政策を執行しています。スティグリッツのこの論理を厳密に貫けば、政府（政治家）はいかなる政策も選挙目当てになるから実践してはならないことになり、政府は不要という結論になってしまいます。通貨問題のみ政府から独立していなければならないというスティグリッツの議論は、完全に破綻しています。

中央銀行が政府から独立している本当の理由

政府から独立した中央銀行は、どうして民間銀行でなければならないのでしょうか。民間銀行なら当然自分たち銀行家の私益に有利な通貨政策をとるはずです。FRBの歴史を見れば、実際彼ら自身の私益にかなう通貨供給や金利政策をとってきているのです。この点に触れずに、中央銀行の独立性を議論するなどまったくナンセンスです。私たちは洗脳されないように注意を怠ってはならないでしょう。

スティグリッツは別の項で、「いかなる民主主義国家でも、公的機関は――どういう体裁をとろうと、中央銀行は公的機関だ――ある程度の説明責任を負わねばならない」と強調していますが、ＦＲＢの体裁の実態については明らかにしていません。彼が言うように中央銀行は公的機関でなければならないのです。民間資本家が株主のＦＲＢが公的機関であるはずがありません。中央銀行は民間銀行であってはならず、公的機関でなければならないのです。

かといって中央銀行は財務省の一部局である必要はありません。財務省からは独立しているが、政府の機関でなければなりません。要するに、政府や議会の適切なコントロールが及ぼせる公的機関でなければならないのです。

さらに、彼は「民主主義的な政治プロセスから独立した中央銀行を持つことが望ましいとしても、理事会は少なくとも金融部門のメンバーに占められるのではなく、各界の代表で構成されるべきだろう」と述べていますが、ここでもさりげなく政府から独立した中央銀行、すなわち民間の中央銀行が望ましいことを確認しています。中央銀行は民主政治とは相容れないと堂々と主張しています。つまり、中央銀行は独裁的でなければならないと断じているのです。ステ

ジョセフ・スティグリッツ

ィグリッツのこの主張を聞くと、グローバリズムがなぜ超格差社会をもたらすのか、その理由が明らかになってきました。

マネーの支配者は国民の監視から超越していなければならない、したがってマネーの支配層は一握りの寡頭勢力でなければならないことが論理の必然になるのです。この論理は金融寡頭勢力のみに通用する一方的な主張であることは明白です。要するに、スティグリッツたちは以下のことを十分承知しているはずです。つまり、グローバル化した市場はマネーの価値のみで動くから、マネーを支配する者が市場を支配する、したがって国家を支配し、世界を支配するという構図が成立していることを。そこで、マネーを支配する者は誰なのか、これさえ明らかにすれば、世界を支配する者がわかるのです。

マネーを支配する者とはマネーの発給権を握っている中央銀行であり、中央銀行の株主です。ＦＲＢの株主はいまだに公開されていませんが、さまざまな研究の結果ロスチャイルドやゴールドマンサックス、ＪＰモルガンなど国際銀行家であることが明らかになっています。そうしますと、グローバリズムとは、国際銀行家たちが支配する世界市場を創造しようとする地球規模の運動であるということができるのです。

私たちが日本という国を失う日

ここまで世界政府というあまり聞き慣れない存在に重点を置いて述べてきました。読者の皆さんは「世界政府」と聞いても空想や陰謀の世界であろうと一笑に付してしまうのではないでしょうか。しかし、21世紀の現在に生きる私たちは、グローバリズムがめざすものが世界政府構想であることを軽視してはなりません。

それには重要な理由があります。世界的な影響力を持つ経済人が、世界政府の樹立のために尽力してきたことを公にしているからです。私たちは現在の国際情勢を見るときに、世界に大きな影響力を有する人たちが世界政府をめざして活動しているということを認識する必要があります。それは、私たちの将来を考えれば当然知らなければならないのです。日本という国家が廃止され、この地球のどこかに世界政府が出現し、世界政府の管理下に国家を失った私たちが置かれるとしたら、そのことに無関心でいられるはずがありません。

再度強調します。私たちを取り巻く世界は、世界政府の樹立へ向けて着実に進んでいるのです。現在進行中のグローバリズムなるものの正体は、世界政府樹立運動なのです。国境の廃止、政府の規制廃止、移民の自由化等々、これらは単独の現象なのではなく、世界政府樹立という目的のために行われている運動の一環なのです。

それでは、具体的にどういう人たちがグローバリズムを推進しているのでしょうか。これまで取り上げたハイエク、フリードマン、ランド、ブレジンスキー、アタリ、スティグリッツは全員、グローバリズムの理論的指導者と言えますが、実際にグローバル市場化を推進している人たちはどのような人たちでしょうか。結論から言えば、それは国際銀行家と言われる人たちなのです。

ここで、アメリカの大富豪で最有力の国際銀行家の一人であるデイヴィッド・ロックフェラー（1915年〜）の発言を見てみましょう。デイヴィッド・ロックフェラーは『ロックフェラー回顧録』（新潮社、楡井浩一訳、2007年）の中で、ロックフェラー家がアメリカの政治や経済の制度に大きすぎる影響を及ぼしたとして攻撃してきた人々に反論して、こう述べています。

（ロックフェラー攻撃者の）なかには、わたしたちがアメリカの国益に反する秘密結社に属していると信じる者さえいる。そういう手合いの説明によると、一族とわたしは〝国際主義者〟であり、世界中の仲間たちとともに、より統合的でグローバルな政治経済構造を――言うなれば、ひとつの世界を――構築しようとたくらんでいるという。もし、それが罪であるならば、わたしは有罪であり、それを誇りに思う。

どうでしょうか。チェースマンハッタン銀行の頭取としてアメリカのみならず世界に大きな影響を及ぼしてきたデイヴィッド・ロックフェラーは、堂々と世界政府樹立のために働いてきたと告白しているのです。世界政府をめざすことと国際主義は同義です。国際主義者とは世界政府を構築しようとしている人のことなのです。国際主義者をグローバリストと同じ意味で私は使います。したがって、国際主義者とは国境をなくして物、金、人が自由に往来できる世界、要するにグローバル市場を構築しようとする人たちを指します。なおロックフェラーは秘密結社に属していたことも認めていますが、本書では立ち入らないことにします。ただし、欧米では秘密結社という言葉はもはやタブーではないということは理解しておいてよいでしょう。

ロックフェラーの回顧録から私たちが理解するべきことは、世界政府の樹立について議論することは決して空想の戯れではないということです。ロックフェラーのような世界的大富豪は、世界政府の樹立を具体的なスケジュールに入れて行動しているからです。世界中に国際銀行家たち国際主義者のネットワークがあることを、ロックフェラーは仄めかしています。ロックフェラーの銀行がＦＲＢの株主の一人であることを考慮しますと、中央銀行のネットワークが世界政府構築のための推進グループであることが理解されます。

この事実は我が国が国家戦略を考えるに当たって考慮しなければならない、きわめて重要な点です。アメリカの高名な歴史学者で、クリントン大統領に大きな影響を与えたキャロル・キグリーが『悲劇と希望』の中で指摘しているように、「世界の政治経済を制覇するために、民間の手による世界金融支配システムを創造することをめざす、金融資本家たちの国際的ネットワークが存在する」のです。すでに述べたように、金融資本家たちの国際ネットワークとは各国中央銀行ネットワークです。その頂点に位置するのがＩＭＦです。

先にブレジンスキーの書籍で紹介したように、ＩＭＦはグローバル化を推進する国際機関であり、毎年ＩＭＦの主催で財務相・中央銀行総裁会議が開催されます。この会議は政府間会議ではありません。中央銀行総裁は政府の公務員ではなく民間人だからです。世界の金融問題は、政府と民間のいわば合同会議で議論されているのです。誰が主導権を持っているのかは、すでに読者の方々にはおわかりのことでしょう。ＩＭＦと民間中央銀行が主導しているのです。世界の主要な政治問題も当然議論されています。政治問題は金融問題でもあるからです。

このように考えていきますと、なぜロックフェラーたちアメリカの国際銀行家がアメリカの外交政策を支配しているかが理解されるのです。『ロックフェラー回顧録』の中で、アメリカの外交政策を決めているのはロックフェラーとその仲間が主宰する民間シンクタンクの「Council on Foreign Relations」（外交問題評議会、ＣＦＲ）であるとロックフェラーは明言しています。この点は、国際政治の専門家の間では広く知られている事実ですが、なかなか公言されません。歴代のアメリカ大統領や主要閣僚はまず例外なくＣＦＲのメンバーから選ばれ、彼らはＣＦＲの政策提言に従った政策を実行しています。現在の国際情勢に関するアメリカの政策を巡り、オバマ大統領の指導力低下といった話がよく出ていますが、必ずしもオバマ大統領の責任ではありません。私たちはアメリカの外交政策を指導しているＣＦＲの意向を正確に読み取って、対応する必要があります。

アメリカにもあったジェノサイド

ロックフェラーたちアメリカの金融富豪が、なぜ世界政府の樹立をめざすようになったのかをよりよく理解するために、ここで再度ブレジンスキーに登場してもらう必要があります。ブレジンスキーが強調するのはアメリカの国体の変更です。

私たちは、ロックフェラー家やモルガン家やハリマン家などのいわゆる東部エスタブリッシュメントが長らくアメリカの支配階級であったと教えられてきました。いわゆるWASPです。WASPが主導するアメリカの精神の柱は、ピューリタニズムとフロンティア・スピリットでした。この二つは表裏一体で、アメリカ建国の精神はピューリタニズムとフロンティア・スピリットからなるアメリカ的生き方（アメリカン・ウエイ・オブ・ライフ）を世界に広めるという「明白な使命（マニフェスト・デスティニー）」を帯びたものであったのです。

この「明白な使命」を抱いて、アメリカ人は西へ西へと先住アメリカ人を征服しながら大陸を横断して、カリフォルニアに達しました。しかし、ここでフロンティアは消滅したのではなく、今度は太平洋を越えてユーラシア大陸まで進もうとしたのです。「明白な使命」は宗教的色彩を帯びたものであり、アメリカ人にとって彼らの世界進出は、神の正義を世界に拡大することでした。したがって、アメリカ人にとっては植民地の獲得や領土の拡大は旧世界（ヨーロッパ世界）の帝国主義ではなく、世界をアメリカ化すること、すなわち神の正義を実現することであったのです。だからこそ、アメリカは抵抗する原住民を徹底的に虐殺しました。神の正義を実現するためならば、それを阻む者たちを排除することに、良心の呵責《かしゃく》は感じなかったのです。

このようなアメリカ人の征服の心理に、私はどうしても旧約聖書にある古代ユダヤ人たちによる他民族征服の歴史を重ねてしまいます。一つだけ例を挙げるとすると、「ヨシュア記」にあるヨルダン川沿いのカナンの要衝都市エリコの攻略です。エジプトで奴隷に落とされていたユダヤ人同胞を率いてカナンの地をめざしたモーゼの後を継いだヨシュアは、絶対神ヤーベの指示に従い、スパイを潜入させたりエリコの住民の中に協力者を得たりしながら、見事攻略に成功します。ここで、私たちがぞっとするのは次のような記述です。ヨシュアたちは、「男も女も、若者も老人も、また牛、羊、ろばに至るまで町にあるものはことごとく剣にかけて滅ぼし尽くした」（日本聖書協会新共同訳）というのです。これは明らかに民族集団虐殺、ジェノサイドそのものです。

どうしてアメリカ人にジェノサイドを容認するような思想が生まれたのでしょうか。そのカギはピューリタニズムにあります。17世紀の中葉にイギリスでの迫害を逃れて、新天地を求めてアメリカに渡ったピューリタンたちは、アメリカの地を新しいエルサレムと考えました。そして、自らを古代ユダヤ人にならい、現代の選民であるとみなしたのです。ここから、先に述べた「明白な使命」が出てくるのです。

このように、アメリカの対外政策は神の福音を述べ伝える宗教的拡大でした。したがって、アメリカという現代のエルサレム国家が、世界をアメリカ化することによって神の正義を実現するという使命感が、アメリカが引き起こす戦争の原動力となっていたのです。

グローバリズムはアメリカ建国の精神を否定する

しかし、こうしたアメリカの「明白な使命」は、19世紀末からの大量移民、特にユダヤ系ロシア人の流入などによるアメリカの多民族化とともに次第に薄れていき、これに反比例して第一次世界大戦後のころから国際主義的な精神が力を得るようになりました。アメリカはアメリカ建国精神を体現した国家から多民族的な国際主義の国に変貌したのです。

この間の事情を、ブレジンスキーは「WASPの優位の崩壊とユダヤ系アメリカ人の台頭とは時期が一致する」として、「アメリカ社会をさまざまなエスニック・グループによって文化的、政治的に多様化したアイデンティティーを持つように仕向けたのはユダヤ系移民だ」と指摘しています（『The Choice』）。これは要するに、WASPに代わってユダヤ社会がアメリカの支配エリートになったということです。ユダヤ系のブレジンスキー自身がこうして、アメリカはユダヤ人が最も影響力を持つ国になったと明言しているのです。国際主義とは国家を否定するユダヤ思想ですから、アメリカはユダヤ思想の国に変貌したわけです。

ここで、もう一度先に引用したロックフェラーの告白を検証してみると、アメリカの国体の変化を実感することができます。ロックフェラーが世界との関わりを語るとき、「明白な使命」やフロンティア・スピリットという言葉を使わずに、自ら国際主義者の立場を鮮明にしていることが、アメリカの国体の変貌を如実に物語っているのです。ロックフェラーはWASPに属する人物ですが、その彼でさえユダヤ思想の実践者であることを表明するに至っているのです。

国際主義がアメリカの主流になったという指摘には注意が必要です。なぜなら、国際主義は国家、国境を否定し、論理の必然として民族主義や愛国主義、伝統文化や習慣・慣行を否定するからです。国際主義はグローバリズムと言い換えられますから、グローバリズムはナショナリズムを否定するイデオロギーということになります。ロックフェラーが「明白な使命」やフロンティア・スピリットといった言葉を使わなかったのは、これらナショナリズム的発想と世界のグローバル市場化の推進とが矛盾するからに他なりません。国際主義はアメリカ建国の精神に基づく「明白な使命」を否定し、無国籍的なグローバリズムを肯定するのです。

この国際主義をアメリカの対外戦略の視点で見ますと、もはやアメリカは国家としての覇権を求めていないということがきわめて重要です。アメリカは覇権国家になるつもりはないのです。ロックフェラーが主張していることは、アメリカ国家や国民の繁栄ではありません。そうではなく、彼らがめざしているのはグローバル市場の繁栄、つまり彼らの私益の最大化であるのです。彼らの世界戦略からは「アメリカ」がすっぽりと抜けているのです。

この点を決して誤解してはなりません。アメリカがめざしているのは、統一されたグローバル市場であり、言葉を換えれば世界政府なのです。先に引用したロックフェラーの言葉を借りれば、「より統合的でグローバルな政治経済構造を——言うなれば、ひとつの世界を——構築しよう」とすることなのです。

次に、アメリカが国際主義の国になったということを国内的に見れば、アメリカ社会自身が非アメリカ化したということになります。もはやアメリカには「アメリカ人」はいないのです。根なし草的なグローバル市民の集まりなのです。アメリカの伝統的価値観が崩壊したので、アメリカを一つにまとめる思想がなくなったのです。したがって、アメリカ人同胞としての助け合い意識も希薄になりました。市場で成功した一握りの富豪と、市場の恩恵を被ることのできない貧しい大衆との超格差社会が、ここに実現しました。

アメリカ社会がこのように変貌した決定的なきっかけとなったのは、ベトナム戦争です。ベトナム戦争はアメリカの国論を文字通り二分しました。アメリカ人は分断されたのです。そこへ出征兵士たちが麻薬を持ち帰り、麻薬禍にアメリカ社会は蝕《むしば》まれていきました。ロックバンドや前衛芸術などが流行り、学生や若者による社会秩序への反乱が起こりました。全米各地でベトナム戦争反対運動が激化しました。このようにして、アメリカ人はアメリカ人であることに自信を喪失し、アメリカ国家の正義に疑問を抱き、自らのアイデンティティを否定していったのです。

私たちは、アメリカは国際主義者が主導する国になったことを理解する必要があります。国際主義のアメリカはナショナリスト的主張をする日本、特に安倍総理には警戒感を持ち、愛国主義者プーチン大統領にはウクライナ危機を口実に圧力を強めているのです。

人々を欺いたケインズの背徳

今日の世界的な経済混乱を招いた経済学者として、どうしてもジョン・メイナード・ケインズ（1883年〜1946年）に触れなければなりません。ただし、ケインズを取り上げるのは彼の有名な有効需要理論を論じるためではありません。彼が強調する背徳の思想を確認するためです。背徳とは文字通り、道徳に背くことなのですが、ケインズははっきりと自らが背徳者であると告白しているのです。

ケインズの背徳を巡ってはさまざまな解釈が可能でしょう。一般にはケインズが市場の発展のためにあらゆる規制を拒絶し、因習や旧来の価値観によって押しつけられたあらゆる道徳的な習慣を拒否したことが挙げられます。ケインズのこの主張は、先に見たように市場には道徳は不要であるとするアイン・ランドやジャック・アタリの主張と同じです。要するに、グローバル市場は道徳も排除するのです。

利他主義を全面的に否定するランドの自由放任資本主義の思想に、道徳の観念はありません。道徳は自由放任資本主義社会にとって障害になるからです。アタリも市場に道徳は存在しないと明言しています。市場に道徳が入ると市場の力による調整が害されるからです。世界のグローバル市場化の完成のためには、道徳的規範が市場の力を阻害する要因になってはならないというわけです。市場による自由な利益追求の障害となる可能性のあるものが道徳なのです。この意味は、現に私たちの目の前で進行しているさまざまな倫理の乱れを考えるだけで、容易に理解されます。

私は、もう一つの背徳をケインズの経済思想の中に見ます。ケインズは有効需要による雇用増大の経済理論、すなわち政府が財政支出を増やすことによって需要を喚起し雇用を増やして経済の回復を図る経済理論を構築し、それに従い政府が財政支出を増大させた結果、政府が債務危機に陥ったことを見て、自ら背徳者と告白したのではないかと思います。つまり、ケインズが言う有効需要創出の経済政策は、資本主義の生き残りの理論ではなく、社会主義への転換を促進する政策なのです。社会主義政策とは政府が国際銀行家たちから借金をして財政収入以上の支出をするということですから、当然のこととして政府債務は上昇して、いずれは債務危機に陥るという道筋が敷かれます。つまり、ケインズは社会主義者の正体を隠して人々を欺いたことになります。これこそ、背徳そのものです。ケインズ信奉者がいまだ多い今日、ケインズの背徳について私たちはもっと注意する必要があるのではないでしょうか。

１９２９年の大恐慌後、不況対策として採られたルーズベルト大統領のニューディール政策は、ケインズの進言に基づくものでありました。アメリカ政府の支出はうなぎのぼりに増加したにもかかわらず、雇用は思ったほど回復しませんでした。結局、雇用を含む経済の回復は第二次世界大戦まで待たなければならなかったのです。

グローバリズムの道徳破壊工作

道徳不要論は市場を対象としているだけではありません。社会全体の道徳を低下させることは、市場の権威に盾突かない従順な人間を育てる上で肝要なことなのです。問題は、表面的には市場のための工作であることが、それと人々にわからないような巧妙な方法で、社会の道徳破壊が行われていることです。多くの場合、いわゆるポリティカル・コレクトネス、つまり誰も反対できないような人権や人道主義の仮面をかぶって現れるからです。

たとえば、ジェンダーフリーは、無知なジェンダーフリー論者がナイーブに信じ込んでいるような、男女の平等を実現しようという運動では決してありません。私たちの伝統的な道徳規範を崩壊させることによって、市場の力を存分に発揮できるようにしようとするグローバリストたちの工作なのです。人類を産む能力を持った存在である女性を、道徳不在の市場の論理に従わせようという、社会正義の追求とは真逆の洗脳なのです。アベノミクス第三の矢の成長戦略の一つでもある男女共同参画、あるいは女性の社会進出などに同じグローバリスト・イデオロギーが入り込んでいないか心配になるところです。

我が国のジェンダーフリー論者は、人道主義者や人権活動家などイデオロギー的にはいわゆる左翼知識人に属する人が多いと思いますが、彼らが実践していることは、左翼が本能的に毛嫌いする大資本家の利益に結果として奉仕していることに、早く気づいてほしいと思います。悪く言えば、これら左翼活動家は世界政府を樹立しようと画策している国際金融寡頭勢力の日本における代理人（エージェント）とみなされても仕方がないのです。男女共同参画も女性の社会進出のためのアファーマティブアクション政策も注意して立案される必要があります。端的に言えば、金融資本家が支配する市場の力を存分に発揮するために、その障害となっている女性の道徳を低下させようとする工作に利用されないようにすることです。

この工作の実態を知らずに、経済成長の原動力としての女性の力を活用するなどという美しい言葉に惑わされてはなりません。ジェンダーフリーも男女共同参画も女性の社会進出支援も、母性の保護を軽視して市場の要求に沿って女性を働かせようとしているのです。もちろん官民各界で優れた仕事を成し遂げる女性は大勢います。女性の社会進出が社会の発展にとって意義あることであることは当然です。その上で、女性の持つ最も尊い感情、すなわち母性を喪失することがないような社会制度を整備する方向に、むしろ政策の力点が置かれるべきであると考えます。

安倍政権は民間の懇談会議員の意見に翻弄されて、女性の活用や移民の受け入れなどの政策に前のめりの姿勢を見せますが、これらは例外なく我が国をグローバル市場に組み込もうというグローバリストの洗脳工作であることを見抜かねばなりません。民間議員の方々自身は誠実なのでしょうが、彼らの議論が拠《よ》って立つ思想は、これまで詳細に見てきた新自由主義の思想がベースになっています。新自由主義思想がいかに問題をはらむ経済思想であるかということは、これまで本書で明らかにしてきた通りです。新自由主義をそのまま我が国に導入すれば、そうでなくても国際競争力を失いがちな我が国経済を一層荒廃させる結果になることは、火を見るより明らかなのです。

民間議員の方々にはぜひ考えていただきたいと思います。日本市場をやみくもに外資と低賃金外国人労働者に開放して、私たちは幸せになるのでしょうか。GDPの成長率を高めることが日本を取り戻すための最重点施策であるとするのは、残念ながら大変硬直した思想であると言わざるを得ません。

我が国の道徳観を棄損するグローバル化政策は必ず破綻します。私たち日本人の伝統的経済観は道徳を伴うからです。すなわち、グローバリズムは我が国の伝統的経済思想に合わないのです。私たちがグローバリズムの弊害を克服し日本経済を真に回復・躍進させるためには、むしろ伝統的な経済道徳を取り戻す必要があります。このことを認識するためにはグローバリズムの歴史的・思想的根拠を探ることが必要です。次章でそれを探ることにしましょう。

第6章

ディアスポラ化する人類

自らの意思で離散したユダヤ人もいた

この章ではアメリカの主導的な思想となったユダヤ思想について考えたいと思います。我が国においてはユダヤ思想はあまり理解されていません。その最大の理由は我が国にはユダヤ人の集団がいなかったことでしょう。ユダヤ人に対する迫害や差別からやがて共存へと、1000年以上にわたってユダヤ問題にかかわってきたヨーロッパとの違いがあります。しかし、以上に見てきたように我が国を襲っているグローバリズムとはユダヤ思想なのです。したがって、ユダヤ思想を理解することは我が国が生き延びる上で必須のことと言えましょう。

ユダヤ思想を理解するカギはディアスポラです。ディアスポラとは一般に離散と訳されていますが、離散という概念は私たちにはなかなか理解が困難です。その理由は簡単で、日本人は離散を経験したことがないからです。離散とは、紀元70年にユダヤ民族がローマ帝国に国を滅ぼされ世界に散らばって行った状態を指します。追放という意味で説明される場合もありますが、それだと受け身的に強制的に放逐されたニュアンスが強くなり、自らの意思で世界各地に移って行ったユダヤ人たちのことが含意できません。後にも述べますが、ユダヤ人はディアスポラに積極的意義を見出しているのです。このディアスポラの意味を理解する上で、ユダヤ人の歴史がどのようにして始まったかを見る必要があります。ユダヤ人の歴史は移住から始まりました。この経緯を旧約聖書で辿ってみます。

旧約聖書の「創世記12章」からユダヤ人の物語が始まります。ユダヤ人の始祖アブラハム（この時はアブラムと呼ばれていましたが、便宜上アブラハムで統一します）に神ヤーベが命じるのですが、そもそもこの命令からして私たちには意外なものと感じられます。ヤーベはアブラハムに対し「あなたは生まれ故郷　父の家を離れて　わたしが示す地に行きなさい」と、故郷を捨て家族を捨てて他人の土地へ行けと言うのです。アブラハムは素直に神の言葉に従います。当時すでに75歳だったアブラハムは故郷ハランを出て妻のサライと甥のロトを連れて神の示したカナンの地へ向かいます。ユダヤ民族の祖アブラハムの物語は、ユダヤ民族に対し故郷との絆を断ち切って旅人であれと教えているのです。

アブラハムはいったんカナン地方のシケムの地に落ち着きますが、長期に留まることはせず、次々と旅を続けエジプトにまで出かけることになります。いわば流浪生活です。この逸話は、ユダヤ人は一つの土地に定住することはせず、絶えず移住を続ける民族であることを象徴的に示していると言えます。

この離散のパターンは、アブラハムの後も基本的に続いていきます。足早にユダヤ人の歴史を概観しますと、移住先のエジプトで奴隷の身分に落とされていたユダヤ人はモーゼに率いられてエジプトを脱出し、シナイ半島を40年間さまよった後、モーゼの後継者ヨシュアがカナンの地に入ります。その後、彼らは12部族ごとの部族国家に分かれますが、やがてダヴィデ王がエルサレムを首都とするイスラエルの統一国家を樹立します。その息子ソロモン王の治下でイスラエルは栄華を極めますが、ソロモンの死後北のイスラエル王国（10部族）と南のユダ王国（2部族）に分裂し、やがて北はアッシリアに、南はバビロニアにそれぞれ滅ぼされて、ユダヤ人は離散の憂き目を味わうことになりました。アッシリアに連行されたユダヤ人たちはその後歴史から消えてしまいます。また、バビロニアの支配下にあったユダヤ人はいわゆるバビロンの捕囚の境遇に留め置かれ、バビロン川のほとりで故郷シオンの丘を思って泣いたと旧約聖書は伝えています。

実はここからが興味をそそられるのです。バビロニアを滅ぼしたペルシャのキュロス王によってユダヤ人たちは故郷に帰ることが許されたのですが、故郷に帰る者は少なく、多くのユダヤ人は自らの意思でペルシャ王の支配するバビロンの地に留まったのです。これも離散なのです。

つまり、離散ユダヤ人とは故郷のユダヤの国には帰らずに外国の地で生活するユダヤ人のことです。ユダヤ帰還を許された人々はユダヤ王国を再建しますが、またしてもローマ帝国に滅亡させられます。紀元70年のことでした。以後1948年のイスラエル国家建設までの約2000年間、ユダヤ人は国家を持たず世界に放浪する状態が続きました。狭義には、この時期のユダヤ人の置かれた状況を指してディアスポラ・ユダヤ人（離散ユダヤ人）といいます。

異邦人をすべて「ユダヤ化」する

このようなユダヤ国家の興亡の歴史を見てみますと、ユダヤ民族にとって切実な問題は、祖国が滅んだ状況の中、いかにして民族として生き延びるかという点にあったのです。この視点からわかりやすく解説したのが、ユダヤ人の歴史家マックス・ディモントの『ユダヤ人の歴史――世界史の潮流のなかで』（ミルトス、1994年）です。ディモントはユダヤの預言者の言葉を引いて、ユダヤ民族の生き残りの方法としてユダヤ思想の二面性に焦点を当てました。すなわち、民族主義と普遍主義です。

民族主義とはユダヤ民族の選民思想であるのですが、選民思想はユダヤ教に基づいており、神のメッセンジャーとしてのユダヤ人のアイデンティティを保持することが、ユダヤ民族の生存に必要だというのです。普遍主義とは、人類に普遍的なメッセージを世界に伝えることであって、そのために世界の数々の中心地にユダヤ人が存在することが必要だとする主張なのです。

これを言い換えれば、民族主義のためにはイスラエルという国家が必要であるが、国家というものはいつでも滅ぶ可能性があるので、ユダヤ民族のアイデンティティ、つまりユダヤ教を存続させるためには、イスラエル国家の外の世界にディアスポラのユダヤ人が存在することが必要であるということです。しかし同時に、ディアスポラ・ユダヤ人は単にユダヤ教を守るだけでなく、ユダヤ教が教える人類に普遍的な価値、たとえば「人類は兄弟である」というメッセージを広める責務があると論じています。なぜなら、普遍的価値を広めることによって世界がユダヤ思想化されることになり、ユダヤ民族の安全に寄与すると考えたのです。

この説明は大変わかりやすいと思います。なぜイスラエル国家の建国が必要であったのか、そしてユダヤ人国家ができたにもかかわらず、なぜ多くのユダヤ人が祖国に帰還せずにディアスポラのまま各国に留まっているのか、その理由がよくわかる解説です。ユダヤ思想の二面性は現在の私たちにとって、大変興味深い教訓を与えてくれます。特に関係するのは普遍主義です。彼らの言う普遍主義を理解すれば、グローバリズムとユダヤ民族主義との関係を理解することができるのです。

ユダヤ人の言う普遍主義とはユダヤ教を世界に広めることではありません。ユダヤ教はあくまでユダヤ人のための民族宗教であって、世界宗教ではありません。ユダヤ教の掟はユダヤ人のみを対象としたものですから、彼らは私たち異邦人をユダヤ教に改宗させようとしているのではなく、人類に「普遍的」であるとみなす思想、「人類は兄弟」のような平等思想や、共産主義、グローバリズムを世界に広めようとするのです。いわば、彼らが普遍的とみなす思想へ私たちを「改宗」させようと試みているのです。この違いを明確に区別する必要があります。

グローバリズムは民族主義を否定するといっても、ユダヤ人のみには民族主義が許されています。グローバリズムの下ではユダヤ人以外の民族主義は認められていないということは、グローバル社会において民族主義的なものはすべてユダヤ人が独占するのです。異邦人をすべて「ユダヤ化」する。世界がユダヤ化すれば、イスラエルという国家は安泰になる。要するに、世界にイスラエル国家しか存在しなければ、イスラエルが滅亡することはないと彼らは考えているのです。

普遍主義と民族主義の一体化

以上でおわかりのように、ユダヤ思想にとって普遍主義と民族主義は一体不可分です。ユダヤ民族の生存を確保するためには、この二つの思想がともに必要なのです。ユダヤ民族主義だけではユダヤ国家は興亡を繰り返し、やがてユダヤ民族自身が滅亡する危険があるのです。他方、ユダヤ国家がなく普遍主義だけでは、ユダヤ人は他民族と同化してしまう危険性があります。したがって、ユダヤ民族が自らのアイデンティティを守って生き残るためには、民族主義思想の象徴であるイスラエル国家が必要であり、イスラエル国家が滅亡しないためには、世界にユダヤ普遍主義思想を広めることが不可欠になるのです。

このような文脈から改めて考えますと、現在世界を席巻しつつあるグローバリズムはユダヤ普遍思想であって、その担い手であるディアスポラ・ユダヤ人はグローバリズムを世界に拡大させることによって、ユダヤ民族とイスラエル国家の安泰を図っているのだと言えます。読者の皆様にはぜひ、グローバリズムの持つ隠された意図をおわかりいただきたい。マックス・ディモントは『ユダヤ人の歴史』の中で、普遍主義を説いた最初の預言者はアモスであり、民族主義を唱えた預言者はホセアであると指摘していますが、この中でもアモスの普遍主義思想に注目する必要があります。なぜなら、アモスの思想が19世紀のカール・マルクスの共産主義思想や各種の社会主義理論、20世紀のマルクス主義フランクフルト学派の批判理論などに結実することになるからです。

ポール・ジョンソンという高名なユダヤ人の歴史家は『A history of the Jews』（『ユダヤ人の歴史』上下、徳間書店、1999年）の中で、ユダヤ人がなぜ社会主義や共産主義に惹かれるかの理由の第一に、このアモスを挙げています。預言者アモスは、民衆を虐げている当時の権力者の圧政や、権威を盾に弱者や貧者を圧迫する者を厳しく批判して、ユダヤ人に反省を促しました。アモスの言葉に従い弱者の味方になる傾向を、ポール・ジョンソンは「アモス・シンドローム」と呼んでいますが、この思想傾向がやがてユダヤ人の社会批判という伝統を生むことになったというのです。

共産主義などの左翼思想とユダヤ人との関係については、拙著『国難の正体』で詳述しましたので興味ある読者は参照してください。一言だけ述べれば、共産主義が国際主義（国境を超えた普遍思想）であることが、国家を持たないディアスポラ・ユダヤ人の多くが共産主義者になった理由なのです。

ディモントによれば、アモスの普遍主義思想を発展させユダヤ教の普遍主義を構築したのが、預言者イザヤでした。イザヤの普遍主義思想とは先にも述べた「人類は兄弟である」という言葉に象徴されています。

イザヤの「人類は兄弟である」という普遍主義は、ホセアの唱えた、ユダヤ人は選ばれた民であるとする民族主義とは正反対の概念です。ただし、ユダヤ普遍思想はあくまでユダヤ国家を守るための思想であることを忘れてはならないでしょう。ディモントも指摘しているように、世界にとっての深刻な問題は、このユダヤ教の二つの流れが将来ユダヤ教と世界の歴史を結び付けて一つになるのではないかということです。この問題提起を裏返せば、ユダヤ民族主義と普遍主義が融合して、ユダヤ思想の下に世界が統一されることを暗示しているのではないでしょうか。

グローバリズムは21世紀の共産主義

ユダヤ人が民族の生き残りのためにたどり着いた思想は、21世紀の現在も紀元前のバビロン捕囚の頃と基本的には変わっていません。たしかに、過去２０００年のユダヤ人のディアスポラの経験は、このユダヤ思想の二面性の重要性を如実に示しています。２０００年の間に多くの国が興亡を繰り返しましたが、ディアスポラのおかげでユダヤ民族はホスト文明が死滅した時にも、自らの文化が死滅することはなかったのです。他の文明の中に必ずユダヤ人がいてユダヤ人の文化遺産を将来に残していくことができたからです。

１９４８年にイスラエルが建国された時、もし世界のユダヤ人全員がイスラエルに移住したならば、イスラエル国家の地理的境界の中で長きにわたって民族として生き残れるかどうか疑問だと、ディアスポラの多くのユダヤ人は考えたのです。

他方、今後ともユダヤ人の文化を死滅させないためには、ユダヤ人はイスラエル国家を維持しつつ、ディアスポラの開拓を続けなければなりません。ということは、現在のところディアスポラの中心地はアメリカですが、将来は中心地をどこか別の国に移すこともあり得ることを示唆しています。ディアスポラがユダヤ民族生存の不可分の要素である以上、半ば永遠に（ユダヤ思想の下に世界が統一されるまで）ユダヤ人は移住を続けなければなりません。

このように思考を巡らせますと、ユダヤ思想の下に世界を統一するという信念がグローバリズムを推進する動機になっていると考えられます。彼らは期待しているのです。将来世界のグローバル市場化が進み、民族国家というものが時代遅れになった暁には、ディアスポラ思想のパターンに基づいて、人類全体が移住する民となり、根なし草になるであろう。そうなれば、国家の利害を超えた新しい意識が生まれることになる。これが、人類に普遍的なグローバリズムのイデオロギーなのです。こうした移動の波が人類を「ディアスポラ化」するわけです。

このようにディアスポラ化された人間、すなわち故郷との絆を喪失した人間は、生きる意味を与えてくれる新しいイデオロギーを強く求めるようになる。ディモントたちユダヤ民族の生き残りを最優先するユダヤ人は、ディアスポラ化した人類にとってエルサレムが精神世界の中心になれるのではないかと期待しているのです。あたかも、ディアスポラ・ユダヤ人にとってエルサレムが精神的アイデンティティの中心であるように。これこそ、彼らの本心を暴露したものと思われます。つまり、人類をディアスポラ化しておく一方、イスラエル国家は残し、そこを世界の中心にしようというユダヤ民族主義の正体を明らかにしているのです。

結局、グローバリゼーション（世界のグローバル市場化）とは、人類をユダヤ化された普遍主義に誘《いざな》うものであり、ディアスポラ化された人類の魂に働きかけて、人類がユダヤ教の預言者のメッセージを受け入れやすくする体制にすることをめざしているのです。その意味で、共産主義はディアスポラ化された人間を普遍的なユダヤ思想へと誘う飛び石であったと言えます。

国境廃止を唱える21世紀のグローバリズムは、かつての共産主義運動と同じく、国際主義的性格を帯びたイデオロギーです。つまりグローバリズムは21世紀の国際共産主義と言えるもので、その意味でユダヤ思想による世界統一をめざしたイデオロギーであることがおわかりいただけたと思います。

再度強調すれば、国際金融勢力を中心とするグローバリストたちは、「人類は兄弟」というユダヤ教的普遍思想の一環であるグローバル市場というユダヤ教的な地上の楽園を選ぶべきだと、心理的にディアスポラ化した現代人に迫っているのです。

グローバリズムとナショナリズムの最終戦争

言うまでもなく、グローバル市場化した世界が地上の楽園であるという保証はどこにもありません。私たちがいま目撃していることは、グローバル市場化がもたらした超格差社会や環境破壊などの負の現象です。

聖書から借りて言えば、地上の楽園とは人類が神の掟に反して智慧の木の実を食べる前の「エデンの園」のことです。グローバル市場が「エデンの園」なのではなく、各々《おのおの》の民族がその特性を生かしながら共存する世界こそ、「エデンの園」をもたらす可能性があるのです。より良きビジネスチャンスを求めて国境を越えて移住しても「エデンの園」にたどり着くのは、おそらく不可能でしょう。私たちが心の安寧《あんねい》を得られる「エデンの園」は決して文化の違う遠くの外国にあるのではなく、私たち自身の国にあるはずだからです。外を見るのではなく、内を見ることがいま求められています。世界各国が国境に守られて国民経済を発展させることが、総体として世界の発展につながってくると思います。

その意味で、ナショナリズムの意義が再発見される必要があります。現在の世界は、グローバリズムとナショナリズムの壮絶な戦いの真っ只中にあります。グローバリズムの旗手がアメリカの衣を着た国際金融財閥であるとすれば、ナショナリズムの雄はプーチンのロシアです。ロシアを巡る戦いはグローバリズムとナショナリズムの最終戦争、つまりハルマゲドンであると言えるのです。この戦いは、まだ帰趨が見えてきていません。水面下でどのような駆け引きが行われているか、外からうかがうことはできませんが、現在の駆け引きの結果が、21世紀の世界の秩序を決めることになります。

世界の運命を国際金融勢力とロシアのプーチン大統領のみに任せておいて、私たちはただただ傍観していてよいのでしょうか。我が国はロシアよりもグローバル化されていますが、アメリカほどグローバル化されておらず、民族としてのアイデンティティと国民の一体性を保っている国です。しかも、我が国は２６００年以上にわたって存続している世界で唯一の国です。ユダヤ人が自らの民族の生き残りのためにディアスポラ、つまり現在のグローバリズムを「発明」したのに対し、我が国はディアスポラがなくても国家も民族も滅びなかったのです。

ということは、我が国の経験はグローバリズムによらなくても国家の生き残りを達成するヒントを世界に与えていると言えるのではないでしょうか。我が国の伝統思想は、グローバリゼーションの荒波の中で生き残りのために苦悩している世界各国の師表となりうるものと期待されるのです。

終　章

歴史認識大戦争に備えよ

ルーズベルトの参戦と同じ手法

本稿を執筆している2014年9月初旬の時点で、ウクライナ情勢はさらに緊迫度を加えています。8月26日にベラルーシの首都ミンスクでポロシェンコ大統領とプーチン大統領の直接会談が実現し、東部ウクライナでのウクライナ政府と親露派との停戦実施に向けた協議を再開することなどが合意されました。しかし、最も重要な停戦実施に関しては、即時戦闘停止を主張するロシアと、親露派勢力の武装解除が前提になるとするウクライナの間の相違は大きく、停戦実現へ向けての工程表（ロードマップ）の策定にはまだまだ乗り越えるべき障害があります（9月5日に、ウクライナ政府と親露派勢力との間で停戦合意が成立しました。その後もウクライナ東部では戦闘が散発的に続いていますが、どちらが戦闘を仕掛けているのかは不明です）。

私はウクライナ情勢の将来に悲観的です。この首脳会談の直後からアメリカやNATOはさかんにロシア軍が国境を越えてウクライナ東部に侵攻していると発表し、またもプーチン大統領を非難し始めました。そこにロシアとウクライナ両国が紛争解決に至るのを妨害しようとする底意が感じられるからです（同じ9月5日に、NATO首脳会議はロシアの動きをにらんで緊急展開部隊創設を決定しました。また、アメリカとEUは停戦合意成立にもかかわらず、対露追加経済制裁を実施しました。これらの措置は、明らかにロシアに対する挑発です）。

すでに指摘しましたように、アメリカの狙いはプーチンを挑発して東部ウクライナに軍事侵攻させることにあります。オバマ大統領は、アメリカは経済制裁を強化するが軍事干渉はしないと明言していますが、言葉通りに受け取ることはできません。

大東亜戦争直前のルーズベルト大統領の手法を、ここに思い浮かべることができます。ルーズベルトは欧州大戦にアメリカは決して参戦しないと公約して大統領に三選されました。しかし、ルーズベルトはいかにしてアメリカが参戦できるようにするか、そのための秘策を日本に向けていたのです。日本を挑発して、先にアメリカに対して一撃を打たせるという工作です。

まず日米通商条約を破棄し、石油の対日輸出を禁止するなどの経済制裁を強化し、その結果として日本の真珠湾奇襲となりました。アメリカ議会は報復として対日宣戦布告を行い、日米戦争開始に伴うドイツの対米戦争突入のおかげでアメリカは欧州大戦に参入することができたわけです。今こそ、私たちはこの歴史の教訓に学ばなければなりません。アメリカがロシアを追い詰めて東部ウクライナに軍事侵攻せざるを得ないように仕向け、それを機にアメリカ（NATO）が軍事行動を起こす可能性はやはり否定できないのです。

ウクライナ危機と中東情勢はつながっている

この点に関連して注目しなければならないのは、ロシアとウクライナの首脳会談と同じ8月26日に、ガザでの戦闘を巡りイスラエルとパレスチナのハマスとの間で長期的な停戦合意が発効したことです。これによって、世界の世論の関心はひとまずガザから離れました。そして再び、ウクライナが焦点に浮上してきたのです。

これは、はたして単なる偶然でしょうか。とても偶然だとは思えません。なぜなら、世界の世論の関心がウクライナからガザに移ったのは、7月17日のマレーシア機撃墜事件の後しばらくしてからだからです。7月21日にロシア国防省は、衛星写真を公表してマレーシア機の近辺にウクライナ空軍機SU—25が2機認められたとブリーフィングを行いました。その後、アメリカの知識人の中にも親露派による撃墜説に疑問を呈する見方が現れるようになりました。

この間にウクライナ政府内で奇異な動きがありました。7月下旬にはウクライナの連立与党が崩壊しました。極右勢力などが連立を離脱したのです。この連立与党崩壊を受けてヤツェニューク首相は辞任を表明しましたが、去就がうやむやなまま8月25日にポロシェンコ大統領は議会を解散しました。また、8月になってウクライナ政府の極右勢力の有力者パルビー国家治安担当大臣が突如辞任しました。その理由は明らかにされていません。

この一連の動きがウクライナ空軍機によるマレーシア機撃墜にかかわるものかどうかについては、いまだ確たる情報がありません。状況証拠からは、ウクライナ空軍機による撃墜の可能性が高くなったと言わざるを得ないでしょう。このような状況を背景に、マレーシア機撃墜事件の真相究明が待たれる事態に至りました。しかし、突如アメリカ政府や世界のメディアは、ガザにおける戦闘に焦点をシフトしました。それと同時に、マレーシア機撃墜事件の真相究明を求める声はぷっつりと途絶えてしまったのです。

私はこれまで、アメリカの狙いは自ら演出したウクライナ危機を口実にプーチンを失脚させることだと論じました。アメリカはこの目的を依然として追求しています。すぐにロシアとの間で大規模な軍事衝突に至るとは考えられませんが、徐々にプーチン大統領を締め付ける方針に変わりはありません。要するに、アメリカの戦略はプーチンを失脚させてロシアをグローバル市場に組み込むことにより、グローバル市場化による世界支配を完成させようとしているわけです。世界はいま、グローバリズムとナショナリズムの壮絶な戦いの渦中にあるのです。

日本を封じ込めてきた戦後東アジアレジーム

このような世界情勢の下で、我が国が生き残るために外交はどうあるべきかが死活的な問題として問われています。

２０１５年は戦後70周年の節目の年です。中国、韓国そしてアメリカは、歴史認識問題で我が国に対する攻勢をますます強めてくることが予想されます。「歴史認識大戦争」が起こる危険性があるのです。この構図こそ、いわゆる戦後東アジアレジームと言われるものの実態です。戦後東アジアレジームの真髄を一言でいえば、日本が再び東アジアの地域大国になるのを防止するために、中国、韓国、北朝鮮を使って日本を牽制するというアメリカの対日封じ込め政策です。アメリカ軍が日米安全保障条約の下に我が国に駐留したのも、日本の独り歩きを抑止するための手段であったのです。

昨今の度を越した韓国と中国の反日政策も、元はと言えばアメリカが構築した戦後東アジアレジームの枠内でのアメリカの対日政策に沿ったものです。韓国にも中国にもアメリカのこの戦略を受容せざるを得ない素地がありました。それは、両国とも政権に正統性がないことです。韓国の場合、アメリカに亡命していた職業革命家の李承晩が帰国してアメリカによって大統領に据えられました。したがって、民意に基づかず政権に就いた李承晩にとっては、反日政策しか自らの政治的地位を保証するものはなかったわけです。

同じことは、中華人民共和国についても言えます。そもそも、中華人民共和国を作ったのはアメリカなのです。大東亜戦争がアメリカの勝利で終わった結果、蔣介石の中華民国政府はタナボタ式に戦勝国になりましたが、やがて国共内戦に敗北して台湾に追放されました。国共内戦で敗色濃かった毛沢東の共産党軍を支援したのは、実はアメリカでした。中華人民共和国はアメリカの援助がなければ成立しなかったというのが、歴史の厳粛な事実です。しかも、中国共産党政権は一度も民意の洗礼を受けていません。ですから、現在の中華人民共和国を指導する中国共産党には中国の支配者としての正統性がないのです。したがって、韓国と同様、反日で生き延びるしか方策がないわけです。

このような韓国と中国の反日政策がアメリカの指示の下に行われたことは、明白です。

今日の従軍慰安婦問題についてアメリカ政府までが日本政府を批判していることが何よりの証拠です。アメリカは当然、慰安婦の実態は十分わかっています。にもかかわらず、日本を牽制する材料に慰安婦問題を利用しています。アメリカが影響力を持つ国連においても、韓国と一緒になって慰安婦問題を日本攻撃の材料に使っているのです。

中国の場合は、尖閣問題が挙げられます。アメリカ政府は、尖閣諸島は日米安保条約の適用範囲に含まれると公言しています。しかし、アメリカは尖閣が日本の領土であることは認めず、日中間で解決する問題だと逃げているのです。日本は同盟国であるはずなのに、アメリカはどうして尖閣諸島が日本領であることを認めないのでしょうか。もうおわかりのように、アメリカは尖閣を巡り日本と中国が紛争を続けることを意図しているからです。

中国と韓国に国民経済は存在しない

アメリカが韓国と中国の反日政策に同調している理由は、先に述べた戦後レジーム秩序の維持だけではありません。もう一つの理由が、韓国も中国もグローバル市場に組み込まれてしまっていることです。

韓国は1997年の通貨危機の結果、ＩＭＦの管理下に入り、外資による徹底的な民営化を強いられました。最近まで我が国においても韓国経済礼賛者が多く見られましたが、韓国は韓国国民の福利を増進する国ではありません。サムスンも他の主要な企業も外資が支配する外国企業です。韓国内では国民の間に格差が広がり、外資と組んだ一握りの企業家が潤う一方で家計の借金は増大を続けています。これが、典型的なグローバル市場化の実態です。

中国のグローバル市場化は、鄧小平の改革開放路線に始まりました。アメリカ、日本、欧州の製造業などが一斉に安価な労働力を求めて中国へ進出しました。改革開放で潤ったのは、国営企業や公営企業を牛耳る中国共産党幹部や人民解放軍のエリートたちであり、彼らは欧米の資本と組んで中国労働者を搾取して巨額の蓄財に成功しました。

韓国、中国のグローバル化経済に共通するのは、国民の利益が無視されていることです。両国には、国民経済が存在しません。このような実態こそ、アメリカ資本の求めるグローバル化した市場経済の正体なのです。

このように、中国、韓国はアメリカと同じグローバル市場化国家なのです。これで、なぜアメリカまでが中韓の反日政策に悪乗りしているのかの理由が、おわかりいただけたかと思います。むしろ、中韓の反日はアメリカの意向を反映したものであると言えるのです。

ここまで我が国を取り巻く情勢を足早に見ましたが、このようなグローバル勢力の攻勢の中で我が国はどのような針路をとるべきなのでしょうか。戦後70年の節目に当たる2015年を迎える私たちは、いまから日本の今後を決める分水嶺ともなり得る歴史認識大戦争に備える必要があります。この観点から言えば、「まえがき」にも述べましたように、東アジアの戦略地図からすっぽりと抜け落ちているロシアとの関係を強化することが、今後の日本の生き残りに死活的影響を与えることになります。

日露関係強化の世界史的意義

ロシアはいま、アメリカによる、なりふり構わぬグローバル市場化圧力にさらされています。しかし、プーチン大統領は決してグローバル市場化そのものを拒否しているわけではありません。プーチンが目指しているのは、グローバル市場化とロシア国民経済との共存なのです。

このことは、プーチン自らが執筆した論文「新千年紀を迎えるロシア」に明確に述べられています。プーチンはそこで、「ロシアの新しい理念は、人道主義に基づく世界の普遍的価値と、20世紀の混乱も含めて時の試練に耐えたロシアの伝統的価値とを有機的に統一するときに実現するだろう」と明らかにしています。

これは、きわめて重要なメッセージです。「人道主義に基づく世界の普遍的価値」とは自由、民主政治、人権尊重、市場経済などを指しますが、これらの普遍的価値を尊重すると述べているのです。この点から見ても、プーチンが独裁的思想の持ち主であるとは考えられません。

また、ロシアの伝統的価値の絶対性を主張するのではなく、このような普遍的価値とロシアの伝統的なスラブ主義思想とを「有機的に統一する」ことを強調しています。「有機的に統一する」とは、この両者の特性を生かして一つにまとめるという意味です。この点は、プーチン大統領はロシア愛国者であっても、ロシア国粋主義者ではないことを証明しています。ここに、プーチンのロシアとグローバリスト・アメリカとの妥協の可能性を見出すことができるのです。

プーチン大統領のもう一つのメッセージは日本に向けられています。プーチンは2000年に大統領に就任して以来、我が国に対し「日本の文化や哲学に親しんだものとして、日本を愛せずにはいられない」（丹波實『日露外交秘話』中央公論新社、2004年）と日本に対する強い関心を表明しています。この対日関心とプーチンのいわばライフワークである新しいロシアの理念の構築とは、密接に関連しています。プーチン大統領が日本の文化や哲学に高い関心を示しているのは、世界の普遍的価値とロシアの伝統的価値を有機的に統合する秘訣を日本の経験から学びたいということであると解釈されるからです。

つまり、プーチンはアメリカ型のグローバリズムに代わるロシア発展の理念を、明治維新以来、欧米流の近代化と日本の伝統文化の両立に成功して今日の発展を成し遂げた日本の経験から汲み取りたいという、きわめて重要なメッセージを示唆しているのです。この点にこそ、いま我が国とロシアとの関係強化が持つ世界史的意義があると言えます。

アメリカ、中国、韓国だけが安倍総理を評価しない理由

プーチンがいま一番必要としていることは、天然資源輸出型のロシア経済の体質転換で

す。すでに述べたように、ウクライナ危機による経済制裁によって、ロシア経済の脆弱性が改めて浮き彫りになりました。このロシアの弱点は、G7による経済制裁発令後、プーチンが中国との間で長期にわたるロシア天然ガス輸出商談を国際価格より値引きしてでもまとめざるを得なかったことに、如実に表れています。この経済構造を転換しない限り、ロシアは天然資源の輸出価格に左右される経済から脱却することができないのです。

ここに、プーチンが新しいロシアの理念を強調する意味が隠されています。プーチンは新しいロシアの理念に基づくロシア型近代工業国家の建設を至上命題としているのです。このような近代工業国家を建設して初めて、ロシアは安定した大国になることができるため、プーチンはロシアの伝統に合った近代工業国家建設への協力を日本に求めているのです。ロシアが安定した大国になることは、我が国のみならず世界にとってメリットがあるはずです。

世界の中で、安倍総理を評価していないのはアメリカ、中国、韓国のたった3ヵ国に過ぎません。北朝鮮は安倍総理に期待しています。それが、拉致問題の進展に表れています。北朝鮮との関係についてもアメリカが牽制していることを私たちは忘れてはなりません。ありもしない従軍慰安婦の強制連行を「性奴隷」やおぞましい人権侵害と非難しながら、日本が拉致問題を解決しようとイニシアティブをとると、それは北朝鮮の核やミサイル問題についての米韓日の結束に影響するので好ましくないと茶々を入れるアメリカの人権ダブルスタンダードに、私たちははっきりとノーを突きつけなければなりません。

かつて、拉致問題を抱える我が国の懇請にもかかわらず北朝鮮をテロ指定国家から外して国交正常化を図ろうと画策したのは、他ならぬアメリカではなかったでしょうか。安倍総理には、我が国の国益を踏まえて冷徹な外交を展開していただきたいと思います。イギリスの政治家パーマーストンの名言にあるように、永遠の友好国もなく、永遠の敵国もなく、永遠にあるのは国益のみだからです。

現在の国際環境の下における我が国の国益とは、プーチン大統領と共に北方領土問題を解決することです。もしプーチンが交代してグローバリストのロシア大統領が生まれでもしたら、新大統領は日本にグローバル市場化の圧力をかけることはあっても、北方領土問題を解決して日本との関係を改善しようとする意欲はないでしょうから、2014年中にロシアとの関係が強化されないと、戦後70周年は我が国にとって厳しいものとなる可能性があります。これまでのところ、ロシアは中国との間で戦勝70周年を祝う共同行事を行うとの約束をしていますが、日露関係が改善していればプーチンは共同行事を換骨奪胎することになるでしょう。しかし、日露関係が停滞したままでは、プーチンの好意的態度に期待することは不可能になります。

日露関係強化は、韓国の対日非難も困難にするでしょう。拉致問題が解決されれば、北朝鮮が韓国よりも親日的になっていくからです。韓国は、駐留アメリカ軍撤退が予定されている2015年には、北朝鮮の軍事的圧力を感じながら孤立している可能性があるのです。しかも、その背後に親日大国ロシアが控えているとなれば、韓国はいわば挟み撃ちにあったも同然です。これまでのように、対日非難を続けるなど不可能になるでしょう。

中国の反日も止まざるを得ないでしょう。数千キロも国境を接するロシアは、中国よりもはるかに強力な核兵器国です。1970年代末の日中平和友好条約締結交渉において、中国は当時世界の覇権を求めつつあったソ連に対する日中の共同対処を強く要求しました。これがいわゆる覇権条項で、日中間で最後までもつれた懸案でした。最終的には日中はアジアにおける覇権には反対するが、この条項は特定の国に向けられたものではないことを謳うことによって、我が国はソ連を刺激することを避けた経緯があります。皮肉なことに、現在の東アジアの国際環境は当時と激変し、日露にとって中国の膨張主義が共同対処の対象になっているわけです。

北方領土交渉の切り札

プーチン大統領にとって喫緊の国家課題である、天然資源輸出型経済から近代工業型経済への転換に協力できる国は、日本しかありません。プーチンは欧米の外資を導入することによって近代工業化を図ることは考えていません。それは、エリツィン大統領時代の欧米主導による民営化路線の失敗に懲りているからです。しかも、プーチン大統領の新しいロシアの理念に欧米は応えることができません。自らの伝統的価値を人類の普遍的価値として世界に普及してきた彼らには、普遍的価値と伝統的価値の両立という課題がそもそも存在しなかったからです。だから、プーチン大統領がロシアの国益とグローバル市場化の両立に苦労していることが理解できないのです。

このプーチンの悩みを理解できるのは、かつて同様の悩みを経験し、克服した我が国だけなのです。近代化と伝統文化との両立を可能にしたのは、外来の文物を日本の伝統に合うように造り変えて導入発展させた我が国が持つ土着力でした。ロシアも「母なる大地」に象徴される土着力を有しています。ロシアの土着力を開花させることができれば、我が国の協力がロシアに根付く可能性は十分にあると言えます。

そこで、安倍総理の北方領土交渉の切り札は、プーチン大統領に次のことを約束することになります。すなわち、「日本は朝野を挙げてロシア型の近代工業国家建設に協力する。具体的には、日本企業は合弁や投資などによって日本的経営方式をロシアに合う形でロシア企業に移転する。また、日本政府は産業政策や各種行政指導のノウハウをロシア政府に提供する。以上の官民による経済技術協力を全面的に行う」。

これに対し、プーチン大統領は北方四島の返還を決断する可能性は十分あると確信します。ロシアの指導者にとって最大の関心事は安全保障の確保であり、日本の官民の協力によってロシアが近代工業国家に発展できれば、何よりの安全保障になるからです。

この大筋を首脳同士で合意できれば、あとは実際の返還に向けた技術論にすぎません。たとえば、歯舞、色丹の2島は即時返還し、国後、択捉の2島については住民の移転等の事情もあるので20年前後の経過期間を設けることなどが考えられるでしょう。

また、日露関係は日米関係でもあります。我が国にとって日露関係強化のカギは従来からアメリカにありましたが、今回のウクライナ危機後アメリカをどう説得するかが一層複雑になりました。プーチンへの圧力を強化しているアメリカにとって、我が国がいわば抜け駆けしてプーチンを支援することは認められないと強く反発してくることは必至でしょう。しかし、アメリカを説得する材料はあります。

アメリカをどう説得するか

アメリカの狙いは結局対露ビジネスの拡大にあり、そのためにロシアをグローバル市場化しようと工作しています。先にも述べたように、プーチン大統領はグローバル市場化を頭から否定しているわけではありません。グローバル化とロシアの伝統との共存の道を探っているのです。ロシア経済が強靱化することによって、外資に対するロシアの警戒感が緩和すれば、アメリカ資本にとってビジネスチャンスが広がることになります。現在の米露貿易関係は日露貿易の水準にも達していないほどの低レベルにあります。ロシアの近代工業化がアメリカ企業のロシア投資や輸出の拡大に貢献することを、我が国は諄々と説得すべきでしょう。

また、ロシアが天然資源輸出型の経済構造から転換できれば、ロシアの天然資源産業に対する外資の参入に寛容になる可能性が生まれます。現在のアメリカのやり方のように、レジームチェンジを強行して資源を押さえるという強硬策は、すでに世界中で警戒されています。ロシアの近代工業国家化は資源メジャーにとってもビジネスチャンスをもたらすことになることを、アメリカに理解させることが重要です。

私は対露関係の強化を主張してきましたが、このことは対米関係を軽視してよいという意味では決してありません。現実の外交の世界にあっては、さまざまな利害関係を総合的に勘案して取引することが必要であり、右から左へと一挙に方向転換すべきものではありません。

アメリカとの関係で言えば、戦後長期にわたって培われてきた「日米友好関係」の大枠の中で、国際情勢の変化に応じて対米関係のあり方をどう修正していくかという現実的なバランス感覚の問題なのです。日米同盟を維持しようとするなら、日米双方の国益に応じて日米関係の態様が絶えず上書き修正される必要があるのです。東アジア情勢が劇的に変化したにもかかわらず、戦後間もない時期に策定された東アジアレジームといった硬直化した秩序を墨守することは、我が国にとってはもちろん中韓にとってもまたアメリカにとっても好ましくないのです。

以上に述べた我が国の対ロシア外交強化は二重の意義があります。

歴史認識大戦争に勝利する道

第一は世界にとっての意義です。グローバリズムとナショナリズムの戦いにおいて、ロシアの近代工業化への日本の協力は、両者の激突ではなく共存の道を開く具体的なモデルとなる可能性があるのです。ロシアと同様にグローバル市場化と国民経済との両立に苦慮している多くの国にとって、日露の協力は師表となりうるのです。

第二は我が国にとっての意義です。日露関係の強化は２０１５年の戦後70周年歴史認識大戦争に我が国が勝利する道を開いてくれることになります。歴史認識問題に勝利することは、日本国民のモラルが勝利することです。これがどれほど重要なことか、国家の興亡の歴史が証明しています。世界の歴史を見れば、経済不況で滅んだ国はありません。我が国が敗戦後の荒廃の中から奇跡的な経済復興を遂げることができたのは、国民の精神が滅んでいなかったからです。しかし、栄華を極めたローマ帝国に見られたように、国民のモラルが崩壊した国は内部から自滅しているのです。

歴史認識問題は国家の存亡が直接かかる深刻な問題です。その意味で、従軍慰安婦問題は徹底的に論破する必要があります。日韓友好関係のためにという甘言に弄されて、もし我が国がいささかでも妥協するようなことがあれば、もう日本国民は二度と立ち上がることができなくなるほどの打撃を受けることでしょう。私たちは高貴な道徳を失うことになるからです。子々孫々性奴隷民族としての汚名を被ることになるからです。そうなれば、たとえ日本国という名称は存続していても、私たちの先祖が残してくれた道義性の高い国民性はなくなるでしょう。これすなわち、日本国家のアイデンティティの喪失です。

我が国が２０００年以上にわたって存続することができた最大の理由は、高い道義性の下に一つにまとまった国民が存在していたからです。今日、私たちがこの高い道義性を引き続き維持できるか否かは、歴史認識問題に関する外交の舵取りにかかっていると言っても過言ではありません。

外交はあくまで長期的な視野に立って国益を冷徹に追求するべきであり、一時の妥協で切り抜けてよいものではありません。そして、外交を支えるのは結局のところ私たち国民の意識であることを、改めて認識する必要があります。私たち自身が古来受け継いできた道徳を取り戻すことは、日本という国を守ることにつながるのです。すなわち、安倍総理のおっしゃる「日本を取り戻す」ことに直結するのです。

馬渕睦夫（まぶち・むつお）
1946年、京都府に生まれる。京都大学法学部3年次在学中に外務公務員採用上級試験に合格し、同大中退、1968年に外務省入省。1971年、研修先のイギリス・ケンブリッジ大学経済学部卒業。外務本省では、国際連合局社会協力課長、文化交流部文化第一課長等を歴任後、東京外務長、（財）国際開発高等教育機構専務理事を務めた。在外では、イギリス、インド、ソ連（当時）、イスラエル、タイ各大使館、ニューヨーク総領事館、EC日本政府代表部に勤務。2000年駐キューバ大使、2005年駐ウクライナ兼モルドバ大使を経て、2008年11月、外務省退官。同月防衛大学校教授に就任し、2011年3月定年退職。著書に『国難の正体』（総和社）、『日本の敵』（渡部昇一氏との共著、飛鳥新社）などがある。

世界《せかい》を操《あやつ》る支配者《しはいしゃ》の正体《しょうたい》

2014年10月16日　第１刷発行
2022年３月18日　第12刷発行

著　者　馬渕睦夫《まぶちむつお》

発行者　鈴木章一

発行所　株式会社　講談社
東京都文京区音羽2-12-21　〒112-8001
電話　編集（03）5395-3522
販売（03）5395-4415
業務（03）5395-3615

KODANSHA

印刷所　株式会社新藤慶昌堂

製本所　株式会社国宝社

ISBN978-4-06-219175-3　N.D.C.309　221p　19cm